高等职业教育“十二五”创新型规划教材
“十二五”职业教育国家规划教材配套实训

现代推销技术实训

田春来 主编

北京理工大学出版社
BEIJING INSTITUTE OF TECHNOLOGY PRESS

内 容 简 介

《现代推销技术实训》教程吸收了现代推销学最新的理论和实践研究成果，在编写过程中着重体现高职高专教育特色，本着精简理论、凸显应用、培养实践技能的原则，在内容和编排体系上力求新颖，注重实用性、互动性、可操作性。本书基本覆盖了《现代推销技术》一书中所有的实践环节内容，以推销核心职业能力为培养重点，以岗位适应性为检验标准，通过实训目标、任务要求、知识储备、工作中具体任务等子项目训练，使学生系统掌握推销流程的推销礼仪、推销准备、接近顾客、推销洽谈、推销异议、推销促成、推销人员管理各模块的知识，达到快速适应岗位工作的要求，具备初级营销师的工作能力，从而使学生理论与实际相结合，为今后胜任推销员、业务代表、销售助理、客服专员、市场督导员等工作打下坚实的基础。

本书可作为广大高职院校营销管理类、财经管理类及相关专业的教材，也可作为企业管理人员的培训和参考用书，还可供对推销技术感兴趣的读者阅读。

图书在版编目（CIP）数据

现代推销技术实训/田春来主编．—北京：北京理工大学出版社，2015.3

ISBN 978－7－5682－0254－1

Ⅰ.①现… Ⅱ.①田… Ⅲ.①推销－高等职业教育－教材 Ⅳ.①F713.3

中国版本图书馆CIP数据核字（2015）第027024号

出版发行／北京理工大学出版社有限责任公司
社　　址／北京市海淀区中关村南大街5号
邮　　编／100081
电　　话／(010) 68914775（总编室）
　　　　　82562903（教材售后服务热线）
　　　　　68948351（其他图书服务热线）
网　　址／http：//www.bitpress.com.cn
经　　销／全国各地新华书店
印　　刷／保定市中画美凯印刷有限公司
开　　本／710毫米×1000毫米　1/16
印　　张／9.25　　　责任编辑／武丽娟
字　　数／176千字　　　文案编辑／武丽娟
版　　次／2015年3月第1版　2015年3月第1次印刷　　　责任校对／周瑞红
定　　价／25.00元　　　责任印制／李志强

前　言

一、实训课程定位

推销技术系市场营销专业核心课程之一，本课程以理论知识和实际技能的锻炼和培养为一体，根据专业人才培养方案制定目标和职业岗位群的要求，注重理论与实际技能的有机结合。推销技术实训是在学生掌握相关理论学习的基础上，通过实训环节提高学生的实际操作能力、分析任务能力以及综合运用能力，熟练掌握商品销售中推销人员应该具备的专业技能和职业素质，能够适应各种类型企业推销岗位的要求，达到助理营销师的岗位技能要求。通过任务教学、情景演示、项目训练模块等多种教学手段和方法的综合运用，强化学生的综合职业技能并提升学生的职业素养。

二、实训目的

通过实训，使学生重点掌握推销技巧各个环节模块的实际操作，包括推销礼仪、寻找识别顾客、推销接近与洽谈、处理顾客异议、成交信号识别及售后服务的综合训练，正确掌握与销售相关的洽谈技巧及销售促进各种方式的综合运用，深刻体会作为一名合格的推销员应具备的品德素质、性格特征、身体素质以及心理素质等。

三、课程目标

明确典型工作任务过程，培养专业能力、社会能力、方法能力，奠定学生终身学习持续性发展的基础，通过实训，使学生基本能胜任推销员、营业员、销售代表、客服人员的工作。

（1）熟悉推销工作的整个流程，正确对待推销工作。

（2）熟练掌握推销模式等理论知识，正确运用推销技巧。

（3）系统掌握商品的特征、功能、性能以及卖点，做好推销前的准备工作。

（4）运用销售心理学，学会对顾客群体进行分类，洞察推销对象的心理动态、潜在需求、购买动机等特征。

（5）提高学生的沟通表达能力、心理抗压能力、自我调适能力，使学生懂得营销人员具备遵纪守法、诚实守信、乐观进取的重要性。

（6）正确运用推销礼仪，在推销过程中提升个人人格魅力。

（7）掌握寻找顾客、筛选顾客、约见顾客、接近顾客、推销洽谈、化解顾客异议、促成交易的策略与技巧。

（8）积极应对顾客的投诉，正确处理诸如商品质量、服务差异、购销合同等方面的投诉。

（9）灵活运用各种销售促进方式，因地适宜地做好商品的促销工作。

（10）推销活动中，客观冷静地应对各种复杂局面，及时调整心态，控制好个人情绪，灵活运用各种沟通技巧，总结优秀的推销员应具备的综合素质。

四、实训模块参考课时

实训模块	实训目的	实训内容	学时
模块一　推销员基本功训练	要求学生消除害怕与陌生人打交道的心理，能够随时进入推销所要求的精神状态	1. 敢于在陌生人面前说话 2. 在演讲台上自我介绍* 3. 大声介绍商品 4. 眼神和观众主动交流	2
模块二　推销礼仪训练	要求学生正确掌握推销礼仪、技能要求，优化服务意识，提升个人魅力	1. 体态礼仪* 2. 交谈礼仪 3. 打电话礼仪* 4. 送访礼仪	4
模块三　实训企业认知	要求学生快速熟悉实训公司的自然情况及产品知识，能提炼产品的卖点，了解产品理货流程，学会正确开单	1. 掌握公司的经营理念 2. 了解并认同企业的组织文化 3. 认知自己的岗位职责 4. 熟悉本区域的产品	4
模块四　寻找顾客训练	要求学生灵活运用寻找顾客的主要方法，尽可能多地寻找潜在顾客，并筛选出潜在准顾客	1. 顾客识别训练 2. 寻找顾客技巧训练 3. 顾客资格审查训练	6
模块五　接近顾客训练	要求学生灵活运用接近顾客的各种方法与技巧，成功地接近顾客，吸引顾客的注意，激发顾客的兴趣	1. 了解接近顾客的准备工作 2. 掌握接近顾客的方法 3. 接近顾客的技巧训练 4. 拦截顾客的技巧训练	6
模块六　推销洽谈训练	要求学生熟悉推销洽谈的目标及内容，了解推销洽谈的原则、步骤	1. 掌握推销洽谈的目标与内容 2. 熟悉推销洽谈的原则及步骤 3. 掌握推销洽谈的方法 4. 使用推销洽谈的技巧正确接待顾客	4
模块七　顾客异议处理训练	要求学生能灵活处理各种顾客异议。领悟处理顾客异议时应持有的态度，掌握处理顾客异议的技巧	1. 识别顾客异议的类型* 2. 顾客异议处理的策略* 3. 顾客异议处理的技巧训练	6

续表

实训模块	实训目的	实训内容	学时
模块八 商品交易促成训练	要求学生正确理解促成交易的含义，灵活辨认成交信号，熟练运用各种有效成交的方法及策略，促成交易，掌握成交后续工作的相关内容	1. 理解促成交易的含义 2. 辨别成交的信号训练 3. 理解促成交易的基本策略 4. 掌握促成交易的方法 5. 理解成交后续工作的内容和方法	6
模块九 推销人员管理训练	要求学生掌握推销人员的选拔、培训流程，学会设计个人职业生涯规划并使之完善	1. 了解推销人员招聘与选拔的流程 2. 熟悉推销人员培训的方法 3. 掌握推销人员职业生涯规划设计	6
总计			44

说明：

1. 本实训安排一般为 44 学时，部分带“＊”号的任务可安排随堂进行。

2. 实训任务融合对应理论教学内容，在实训中应注意锻炼学生的实际动手操作能力，注重提升学生的创新意识，不要过于标准化。

3. 每组以 5 ~6 人为宜，（根据实际情况可适当增减），实训前学生要根据实训内容提前做好准备，实行组长负责制，协调组员的分工。

4. 每个模块训练，学生要填写实训手册，实训结束后再以小组为单位讨论实训心得体会，汇报实训成果。

五、实训成绩的考核方法

推销技术实训强调理论与实际相结合，在实训过程中注重对学生的创业素养和创业技能的培养，鼓励学生提出创新性方案，进一步提高学生的推销技能。

1. 成绩等级设置。

实训综合成绩满分 100 分，分五个成绩档次，如下表所示。

分

分数	60 以下	60 ~69	70 ~79	80 ~89	90 ~100
称谓	业余推销员	合格推销员	初级推销员	称职推销员	优秀推销员
成绩	不及格	及格	中等	良好	优秀

2. 实训总分组成。

实训总分（100%）＝实训企业指导老师评价（30%）＋企业评语（10%）＋小组互评（10%）＋实训报告（30%）＋团队汇报（20%）。

说明：前三项评分以企业指导老师的评定为主，后两项以任课老师的评定为主，综合兼顾校企合作，学生在实训过程实行双导师制。

六、推销工作流程图

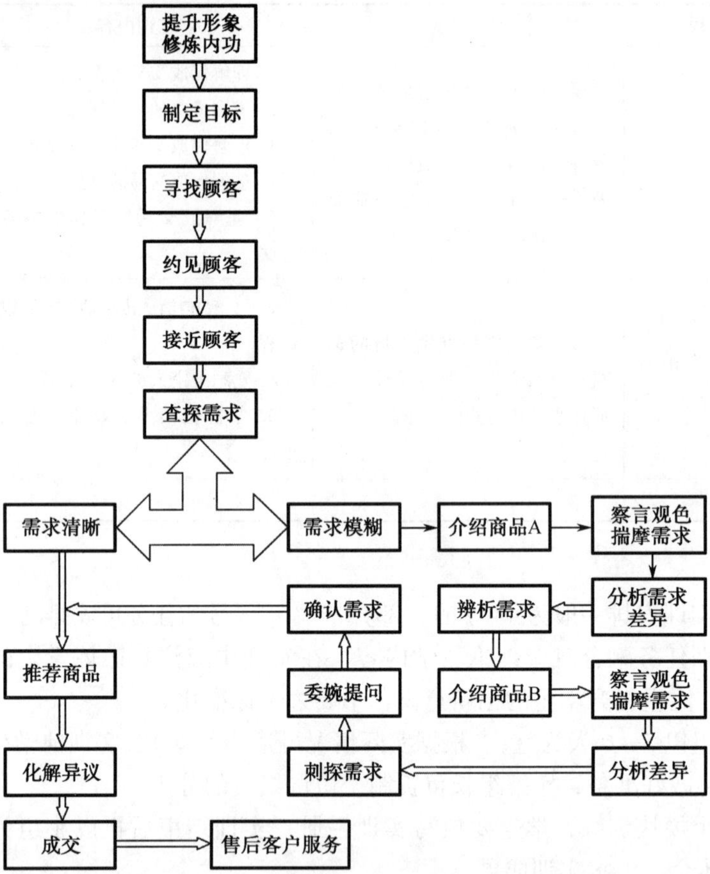

本实训教材由丽水职业技术学院田春来担任主编，负责拟订全书的内容框架和体例要求，并编写了模块一至模块七；丽水职业技术学院范青华和刘平共同完成模块八；丽水职业技术学院陈惠妙和苟晓菊共同完成模块九。在编写过程中，编者参考了大量的有关推销技术的教材，参阅、借鉴、引用、浏览了很多文献，因篇幅有限，未能一一在参考文献中列出，在此也向上述文献中的所有作者表示由衷的感谢。

本实训教材耗时近三年，但由于编者水平有限，难免出现疏漏和差错，敬请读者给予批评指正，在此深表感谢。同时也感谢我的家人、同事、朋友、同学给予的支持和帮助，向使用本实训教材的老师和学生也表示衷心感谢。

田春来

目 录

模块一
推销员基本功训练

实训目标

1. 认清自己的优势、劣势，调整好心态，消除对推销工作的恐惧感
2. 敢于在陌生人面前说话，磨炼推销员的业务能力、心理承受能力
3. 熟练使用两种以上的推销模式推销商品，能够基本胜任推销工作

任务要求

1. 组建任务团队，进行自我剖析，通过他人的帮助找出自己的优缺点
2. 在陌生人面前敢于大声说话，能够承受住陌生人的言语打击
3. 做好心情调适，学会在困境中释放压力

技能（知识）点

1. 推销人员应具备的能力
2. 推销人员应具备的心态
3. 推销人员应具备的素质

知识储备

一、推销的内涵

1. 推销的定义

推 + 销 = 推销，即在外力的作用下（推），使产品销售出去。具体指在特定的场合或特定的环境下，通过推销员的主动性介绍、宣传、推荐，使消费者从被动型倾听、提出拒绝，最终过渡到愿意接受，从而采取购买决策的整个过程。

广义上的推销是指一个活动主体试图通过某种方式和技巧，向特定对象进行某种游说、劝说的行为，使之接受自己的意愿、观念、要求等，最终双方达成共识的整个过程。我们的日常生活处处充满着推销，如学生要求老师少留点课堂作业；父母要求孩子少吃点零食；员工要求老板增加工资；动物保护组织通过公益广告号召人类少食鱼翅以拯救濒临绝迹的鲨鱼等。人与人交往，希望获得大家的友情、博得别人的好感、对喜欢的异性表达自己的爱慕之情都离不开推销，所以，在现实生活中推销无处不在。

狭义上的推销是指推销人员通过寻找顾客，向其主动推荐某一特定商品、服务，在这一过程中，推销人员充分利用各种推销技巧及方法，化解顾客的购买异议，最终使顾客接受该商品或服务的活动。狭义的推销与物质利益相关联，一般特指货币性等价交换，即产品的推销。

2. 如何正确理解推销

要正确理解推销的含义可以从三个方面剖析。

（1）商品推销是一个复杂的行为过程，追求的是“共赢”。

在这个行为过程中，推销人员和顾客是活动的两个主体，推销人员完成销售任务、顾客得到某种利益，买卖公平，双方都有收获，和气生财。图 1－1 为推销的六个流程模块。

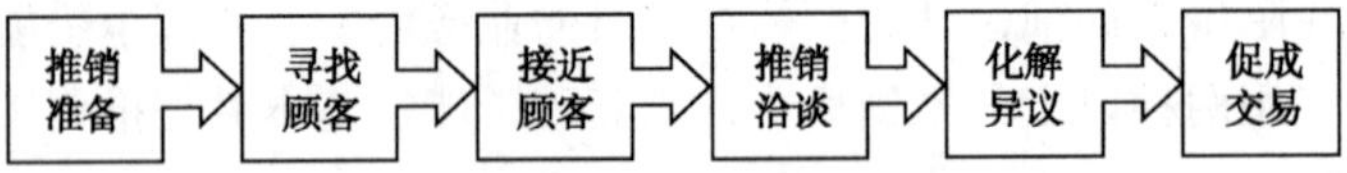

图 1－1　推销的六个流程模块

（2）推销行为的核心在于满足顾客的欲望或需求。

虽然推销以推销者主动性介绍、推荐产品为前提，但是顾客之所以被说服、愿意做出购买行为的核心是该商品在某种程度上满足了其自身的欲望或需求，并不是单纯的因“推”而买。

（3）在推销过程中，推销者要运用一定的方法和技巧。

推销是一门科学，也是一门艺术，推销人员要想获得成功，必须掌握好推销的火候。如何寻找客户，如何和客户搭讪，如何有效化解顾客的异议，只有运用自如这些了，才能达到销售的最终目的。

二、推销活动的特点

既然推销是一项专门的艺术，那就需要推销人员巧妙地融知识、天赋和才干于一身，无论直接推销还是间接推销，在推销过程中都需要推销人员灵活运用各种推销技巧。推销活动的主要特点如下。

1. 特定性

推销是企业在特定的市场环境中为特定的产品寻找买主的商业活动，必须先确定谁是需要特定产品的潜在顾客，即寻找好目标客户群，然后再有针对性地向推销对象推荐产品并说服其购买。因此，推销总是有特定对象的。任何一位推销员的每一次推销活动，都具有这种特定性。他们不可能漫无边际或毫无目的地寻找顾客，也不可能随意地向毫无购买欲望的人推销商品，否则，推销就成为一种耗费时间而又毫无实际意义的活动。

2. 双向性

推销并非只是由推销员向推销对象传递信息、游说购买的过程，而是信息反馈、拒绝购买的双向沟通过程。推销人员一方面向顾客提供产品、售后服务等方面的信息，另一方面必须留意观察顾客对所提供的信息的反应，探求顾客的真实需求，搜集顾客对产品的意见与要求，并及时反馈给企业相关部门，为企业管理层做出正确的经营决策和产品改进提供参考。因此，推销是一个信息双向沟通的过程。

3. 互利性

推销是一种互惠互利的双赢活动，必须同时满足推销主体和推销对象双方的特殊要求。成功的推销需要买方和卖方都有积极的互动，其结果是达到双方的"共赢"，不仅推销的一方卖出商品，完成了销售任务，而且推销对象也购买到合适的商品，满足了自身的需求，给自己带来了某方面的利益。

4. 灵活性

尽管推销活动都是因推销员的主动性工作产生的因"推"而销，但市场环境的变动性和推销对象的特殊性都决定了每一次推销活动都是不尽相同的，推销人员必须灵活运用推销原理和技巧，揣摩好顾客的心理，巧妙地探询顾客的需求，恰当地调整推销策略和方法。可以说，见机行事、灵活自如的战略战术，是推销活动的一个显著特征。

5. 说服性

推销的主角是人不是物，说服是推销的唯一手段，也是推销活动的核心体现。为了得到顾客的信任，让顾客从被动到主动地接受被推荐的产品，最终采取购买行为，推销人员必须将产品的功能和优点，耐心详细地向顾客做宣传、介绍，以促使顾客采纳推销人员的观点、意见，从而接受产品或劳务。

三、推销的三要素

企业的推销活动是一个复杂的过程，它离不开推销的主体、推销的客体、推销的对象，即推销人员、推销商品、顾客（推销的对象）构成了推销活动的三要素（见图1－2）。

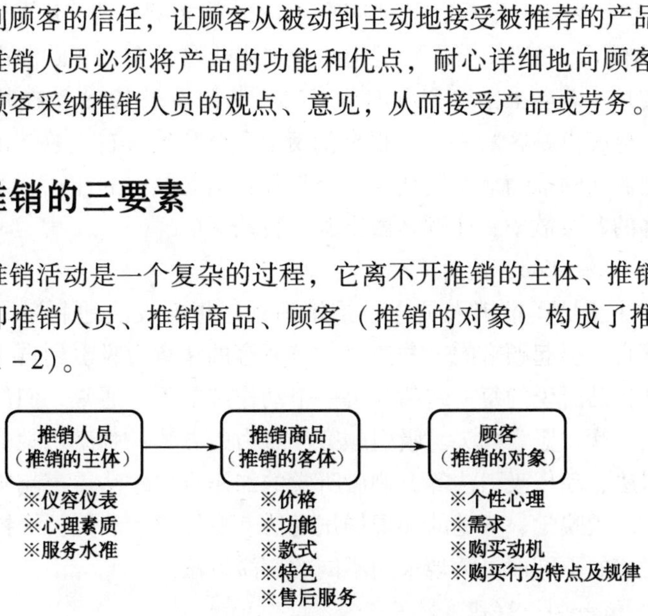

图1－2　推销活动的三要素

1. 推销人员

推销人员是在整个推销活动当中表现最积极、最主动的推销主体，在推销的三个基本要素当中，推销人员是最关键的，是整个推销活动中的主角，是商品销售过程中最积极的领军人物。

2. 推销商品

推销商品是推销活动过程中有形和无形商品的统称，它既可以是一件看得见、摸得着的商品，也可以是肉眼无法体现的一种服务。推销商品是整个推销活动的客体。

3. 推销对象

推销对象是指在推销活动当中，被动地被推销人员介绍的对象，这个推销对象包括个人购买者和组织购买者。个人购买者主要是为自己本身或家庭成员购买产品，而组织购买者是为企业或单位某种特定用途的需要而购买产品。推销对象不同，采取的推销策略也不尽相同。

四、推销模式

1. 爱达模式

消费心理学研究表明，顾客在接受推荐时，通常可以分为四个阶段，即先引起注意（Attention）、产生兴趣（Interest）、激起欲望（Desire）、做出购买行动（Action）。注意、兴趣、欲望、行动四个单词的英文缩写为 AIDA，中文音译为“爱达”。爱达模式（AIDA 模式）是国际推销协会名誉会长、欧洲市场及推销咨询协会名誉会长、著名推销专家海因兹·姆·戈德曼于 1958 年在其所著的《推销技巧——怎样赢得顾客》一书中根据消费心理学研究，首次总结出来的一种推销模式，他把成功的推销活动概括为四个步骤：引起顾客的注意、使顾客产生兴趣、激起顾客的购买欲望、让顾客做出购买行动。

（1）A——Attention：注意。

引起顾客注意是指推销人员通过推销活动，想方设法地刺激顾客听觉、嗅觉、视觉等感官，引起顾客的充分注意，将顾客的注意力吸引到自己所推销的商品上，关注到自己所说的每一句话和每一个动作细节上。通常人们的购买行为因注意才喜欢，喜欢才愿意购买。吸引顾客注意力的方法：刺激视觉的如形象吸引法、表演吸引法、动作吸引法等；刺激听觉的如语言口才法、声响吸引法、现场广告吸引法；刺激嗅觉、味觉的如现场试吃法、烹饪演示法等。推销人员应根据情境、推销对象的不同而灵活地采用不同的刺激方法。

（2）I——Interest：兴趣。

使顾客产生兴趣是指在顾客对推销活动及推销商品注意的基础上，进一步诱发顾客对推销商品产生积极态度。兴趣与注意紧密相关，没有注意，肯定产生不了兴趣。兴趣因注意而产生，反过来又可进一步强化注意，因此兴趣在推销过程中起着承上启下的作用，兴趣是注意的进一步发展，也是产生欲望的前提。如果有条件，应尽量让顾客亲自体验推销商品的优点和好处，让顾客通过“瞧一瞧”“摸一摸”“坐一坐”（如沙发、床）的形式体验，从而唤起他们的购买兴趣。

（3）D——Desire：欲望。

激发顾客的购买欲望是指推销人员通过推销活动的进行，在唤起顾客对推销商品的兴趣后使顾客体会到该商品给自己带来的某种特定利益而产生对推销商品强烈拥有的愿望，从而使顾客产生购买欲望。

在推销过程中，激发顾客的购买欲望可通过三个步骤来完成：首先提出推销建议；观察顾客的表情，识别顾客异议。其次有针对性地进行辨析论证，化解顾客异议，多方诱导顾客的购买欲望。最后达成交易。激发顾客购买欲望的方法主要有推销效用法、美景描绘法、联想提示法、多方证实法等。

（4）A——Action：行动。

成交是爱达模式的最后一个步骤，也是全部推销过程和推销努力的关键。在通常情况下，顾客即使对推销商品产生了浓厚的兴趣，也被强烈地激发了购买欲望，却因为资金、决策权、时间等因素而犹豫不决，这个时候就需要推销人员给顾客助力，进一步说服顾客，帮助他们强化购买动机，购买商品。

2. 迪伯达模式

迪伯达模式（DIPADA 模式）是英文字母 DIPADA 的中文音译词，它是由发现（Definition）、结合（Identification）、证明（Proof）、接受（Acceptance）、欲望（Desire）、行动（Action）六个单词的首字母组成，在这个模式中将整个推销过程划分为六个阶段，形成了“迪伯达”模式，该模式是由推销专家海因兹·姆·戈德曼根据自身推销经验总结出来的一种行之有效的推销模式，被誉为现代推销法则。

（1）D——Definition：发现。

准确地发现顾客的需求与愿望是迪伯达模式的首要任务。在这一阶段，推销人员应对顾客心理进行科学分析，不要急于向顾客介绍推销的商品，而应通过委婉询问、观察等方式，帮助顾客确定其需要解决的问题，准确地发现顾客的需求，找出实现销售的突破口。发现顾客需求的方法主要有：市场调研法、建立信息网络、洽谈询问法、现场观察法等。

（2）I——Identification：结合。

在准确发现顾客需求后，选择特定的商品向顾客加以介绍，注意该特定商品要紧密结合顾客的需求。在这个阶段，推销人员要注意提示购买商品的利益，使商品的内在功效外显，以满足顾客需求。推销人员常用的客户需求与推销产品结合的方法有语音结合法、行为结合法、信息结合法等。

（3）P——Proof：证明。

推销人员对自己所推销的产品在向客户进行介绍、展示、说明时，要证实所推销的产品刚好符合客户的需求与愿望，以增加顾客对产品的关注和认同度，为顾客做出购买行为奠定基础。在这一阶段，推销人员应拿出充分的证据向顾客证明自己的言论有充分的事实依据。提供的证据包括：人证——权威专家、名人、老顾客等的说法；物证——权威的认证证书、检测报告、报纸杂志报道、网站媒体报道等；例证——疗效证明、前后使用效果对比等。

（4）A——Acceptance：接受。

顾客在接受其产品之后，便完成了对产品认知的心理过程，但顾客对产品仅停留在认知层面，并不能立刻产生购买行为，因此推销人员必须拿出充分的、必要的、真实的证据让顾客进一步认同选择该产品是符合其需求的，购买该产品是明智的，以促使顾客接受所推销的产品。促使顾客接受的方法主要有顾客试用促使法、诱导促使法、询问法、检查促使法等。

（5）D——Desire：欲望。

在推销过程中，当顾客在思想上接受推销商品之后，推销人员还必须让顾客清醒地认识到：只有购买该产品才能满足其自身需求，因此推销人员必须及时激发顾客的购买欲望，利用各种刺激使顾客对该产品产生强烈的拥有愿望。

（6）A——Action：行动。

欲望与实现购买，还有一步之遥，如何促使顾客采取购买行动，这是迪伯达模式的最后一个阶段，它要求推销人员能够准确识别顾客的购买信号，促成顾客完成购买决定。这个阶段同爱达模式的第四个阶段“促成顾客购买行为”相同。

3. 费比模式

费比模式（FABE 模式）是英文单词 FABE 的中文音译词，它是由四个英文单词特征（Feature）、优点（Advantage）、利益（Benefit）、证据（Evidence）的首字母组成，是由美国奥克拉荷大学企业管理博士、中国台湾中兴大学商学院院长郭昆漠总结出来的。

（1）F——Feature：特征。

描述产品特征。费比模式要求推销人员在见到顾客后，要准确地介绍产品的性能、构造等特征，尤其要针对属性，列出其具有的明显优势。推销人员为了搜集有关产品特征的信息，要深刻发掘自身潜质，努力寻找其他推销人员忽视的、未发掘的产品优势，来恰到好处地凸显自己。销售人员主要采用的方法有阅读报纸和专业书籍法、询问专家法、亲自试用法等。

（2）A——Advantage：优点。

分析产品优势。针对不同顾客，介绍产品的优点略有区别，推销人员应针对在第一步中介绍的特征，有针对性地列出产品优势，特别是与竞争者相比的优势所在，如经久耐用、美观时尚、彰显身份地位、方便便捷等，突出强调异质性，与其他产品相比具有的明显差异性。

（3）B——Benefit：利益。

挖掘产品利益。这是费比模式中最重要的一个步骤。顾客接受的不单单是产品本身，而且是通过购买产品，享受到了哪些好处、利益，满足顾客需要，才是推销的动力。推销人员应当详尽说明商品所能带给顾客的利益，一切以顾客利益为中心，通过强调利益，激发顾客购买产品的决心。

（4）E——Evidence：证据。

提供说服证据。在接受推销产品的时候，大多数顾客是非常理智的，无论怎么样描述，他都会产生这样或那样的质疑，为了消除顾客的这种疑虑，就需要推销人员提供真实可靠的证据，例如，技术报告、顾客来信、质量认证证书、检测报告、获奖证书、专利证书等。

4. 埃德帕模式

"埃德帕"模式（IDEPA 模式）是"迪伯达"模式的简化形式，相比后者而言，前者更适用于有着比较明确的购买意图和目标的顾客。"埃德帕"模式专门用于向零售商推销。该模式包括五个阶段，分别用这五个英文字母来表达：

（1）Identification，结合，把推销品与顾客的愿望结合起来。

推销人员通过察言观色、询问等方式准确地发现顾客的需求。在此基础上，运用恰当的方法，从专业的角度为顾客提供购买建议，直接推荐符合顾客心理期望的产品，即把所推销的产品和顾客的愿望结合起来。

（2）Demonstration，展示，向顾客示范符合其愿望的产品。

在向顾客示范合适的产品时，要针对顾客的具体购买需求精心地进行展示或演示，要通过询问确保顾客理解产品所示范的每一项功能、特效和优势。推销人员应根据顾客需求示范 2～3 种产品，并在产品的展示、示范中了解顾客的具体购买需求，而且示范前要做好巧妙的设计。

（3）Elimination，淘汰，将不合适的产品淘汰。

尽管推销人员向顾客展示了多种产品，但实质上顾客只倾向于购买其中的一种，推销人员应将选择权留给顾客，帮顾客主动淘汰其他产品，满足顾客的受尊重感。

（4）Proof，证实，证明顾客的选择是正确的。

当不合适的产品淘汰后，剩下的就是顾客比较偏爱的了，推销人员要通过一些证据来证实顾客的选择是明智的，让顾客觉得他（她）很"识货"。

（5）Acceptance，接受，促使顾客接受产品（做出购买决定）。

经过一番选择、筛选后，顾客已经相信了产品的质量和功能，推销人员要尽量解决顾客对产品的价格、运输、售后服务等方面的顾虑，主动示意顾客做出购买行为，从而顺利成交。

※实训综合训练※

实训任务 1.1 认知自己的优势

【他山之石】

如何用一句话向大家介绍自己：重复是最好的记忆方式，因此介绍名字的时候，应语速缓慢，告诉大家你的名字是由哪几个字组成，代表什么含义，这样就给大家留下了印象，便于大家熟悉你。做推销工作，能让大家记住你的名字非常有意义。如张海光，可以说弓长张，大海的海，光明的光，对，我就叫张海光，这么介绍远比“我叫张海光”效果要好得多。

表 1.1 自我认知表

姓名：____________ 用一句话介绍自己的姓名：____

____

个人爱好：______________________ 特长：______________________________

优点：____

____

____

____

缺点：____

____

____

____

____

选择营销职业的理由：____

____

____

____

____

个人激励语句：____

____

最喜欢的推销员：____

最崇拜的人及其理由：____

____

表 1.2 正确认知别人（选择小组中 1 人作为被认知对象）

被认知对象：____________ 选择的理由：______________________________

优点：____

____

____

____

缺点：____

给你印象最深的一件事：

他（她）具备哪些推销素质：

※任务验收※

项目	分值/分	自我考核（40%）	小组考核（60%）	实际得分/分
任务理解能力	20			
任务分析能力	20			
任务解决能力	30			
团队配合能力	30			
合计	100			
小组排名				

实训任务 1.2　提升自信力训练

1. 大声朗读并背诵。

我有坚强的意志，
我有健康的体魄，
我有百折不挠的精神。
我有宽容的心态，
我有敏锐的思维，
我有努力拼搏的信念。
我有良好的人际关系，
我有虚心好学的习惯，
我对未来充满了希望。
我正视并藐视失败，
我渴望成功，
我一定能成功，
我坚信，我能成为最棒的推销员。

2. 撰写自我激励口号，要求朗朗上口，易于传播，至少六行。

3. 抄写你所在小组集体创作的激励口号。

※任务验收※

项目	分值/分	自我考核（40%）	小组考核（60%）	实际得分/分
任务理解能力	20			
任务分析能力	20			
任务解决能力	30			
团队配合能力	30			
合计	100			
小组排名				

实训任务 1.3　承受心理压力测试

1. 小组内成员面带笑容地向本组其他成员推销："您好，这是××产品，请问您有需要吗?""顾客"应给予适当配合，装作很感兴趣。

"推销员"要声音洪亮。（保证教室内所有的学生都能听清楚，否则，需要重新练习）注意推销的时候，眼睛要直视"顾客"。

表 1.3　"顾客"认可你时，你的心理表现

你的感受：

你如何看待"推销"：

你的表现有哪些地方还需要改进：

2. 介绍相同产品，小组内其他成员要表示敌视，说些打击“推销员”信心的话。如：“走远点”“不需要”等。

“顾客”要装作不感兴趣，讨厌、抵触“推销”行为。

“推销员”要声音洪亮，注意推销的时候，眼睛要直视“顾客”。

表 1.4　　“顾客”拒绝时，你的心理表现

你的心理感受：

你如何看待“推销”：

你的表现有哪些地方还需要改进：

3. 每个成员在校园内要对陌生顾客面带微笑并大声叫卖商品，如“快来买手套啊！”

（每小组根据季节自行准备商品，在校园中摆摊叫卖）

考核要求：只重点考查学生有没有面向陌生顾客推销的勇气，考核次数为每人至少向 20 人次叫卖，业绩考核仅作参考。

表 1.5　　面对陌生顾客，你的心理表现

刚开始自我感觉：A. 紧张　B. 心跳加快　C. 脸红　D. 怕出丑　E. 很自然

你的心理感受：

向 5 人次推销后，你的感受：

向 15 人次推销后，你的感受：

考核结束后，你的收获：

4. 单人、集体分别在校外公交车站唱歌。

要求：歌曲任选，健康向上。

考核：对单人而言，声音最洪亮、表情最大方的同学获胜；对集体而言，声音最洪亮、步调最一致的小组获胜。

表 1.6　　在众人面前唱歌，你的心理表现

刚开始张口的时候：A. 太困难了　B. 不好意思　C. 脸红　D. 不敢张嘴　E. 声音很小　F. 自然

在大家的鼓励下，你的表现：A. 总算唱完了　B. 紧张　C. 太难了　D. 很自然

集体演唱时：A. 浑水摸鱼　B. 滥竽充数　C. 坚定地唱完　D. 自信

你的感受：＿＿＿＿＿＿＿＿

5. 在承受小组同学的埋怨、无端指责的情况下，要露出笑容讲个笑话，要逗乐大家。

要求：不要做人身攻击，也不要假戏真做，要就事论事，注意火候。表演的同学要有积极的心态，这只是培训，被人“整”和“整”别人，都是训练的需要。

考核：笑话精彩的同学获胜。

表 1.7　　抗压力心情表

当别人误解时、埋怨时你的感受：＿＿＿＿＿＿＿＿

心情沮丧还要为大家表演时，你的感受：＿＿＿＿＿＿＿＿

游戏做完，你的收获：＿＿＿＿＿＿＿＿

※任务验收※

项目	分值/分	自我考核（40%）	小组考核（60%）	实际得分/分
任务理解能力	20			
任务分析能力	20			
任务解决能力	30			
团队配合能力	30			
合计	100			
小组排名				

实训任务 1.4　推销模式演练

1. 爱达模式。

【他山之石】一喊，二炫，三报价，四递送商品

演练：卖烤年糕、爆米花、冰糖葫芦、电热水袋等商品，直到获得小组成员的认可。

喊：＿＿＿＿＿＿＿＿

炫：＿＿＿＿＿＿＿＿

报价：＿＿＿＿＿＿＿＿

递送商品：＿＿＿＿＿＿＿＿

2. 迪伯达模式。

【他山之石】一问，二看，三辨明，四推荐

问：

看：

辨明：

推荐：

3. 费比模式。

【他山之石】一介绍，二夸赞，三强调，四证明

介绍：

夸赞：

强调：

证明：

4. 埃德帕模式。

【他山之石】一结合，二展示，三淘汰，四证实，五接受

结合：

展示：

淘汰：

证实：

接受：

※任务验收※

项目	分值/分	自我考核（40%）	小组考核（60%）	实际得分/分
任务理解能力	20			
任务分析能力	20			
任务解决能力	30			
团队配合能力	30			
合计	100			
小组排名				

※娱乐与学习※

《永不放弃》教你明白推销的含义，领会推销人员的职责

【剧情梗概】

【导演】吉田健

【编剧】寺田敏雄

【制作人】山崎恒成

【原作】シェリー・ブレイディ（*Ten Things I Learned from Bill Porte*）

【演员】二宫和也、樋口可南子、加藤ローサ、渡辺いっけい、金田明夫、浅野和之、野村昭子、中岛ひろ子、堀部圭亮

【出品年】2009 年

仓泽英雄因为在刚出生时患上神经性小儿麻痹，导致运动能力受损，同时患有语言障碍，并且没有可能治愈。他爸爸是一个优秀的推销员，并且因为成绩突出常常受表彰。从小，妈妈就以爸爸的话"'想做的事'跟'能做的事'是不同的"，并以"要变成跟你爸爸一样的好男人"来鼓励他。英雄虽然已取得营销专业文凭，可找工作还是处处碰壁，在妈妈的不断鼓励下，好不容易得到一个见习推销员的机会，为这家叫作亮晶晶的公司推销滤水器。四处被拒绝之时，他在一个老到的商业人士的协助下，靠"欺骗"的方式卖出两个产品，而同事却认为残疾的他不是靠能力而是靠博取顾客同情的方式推销出去的。英雄虽然因此得以成为正式员工并拿到了提成，但对于欺骗别人始终觉得不安。勤奋努力的英雄在推销过程中受到了很多主妇的喜欢。同事的嫉妒让他知道了他能得到工作机会是因为妈妈不断低声下气地恳求社长，英雄埋怨妈妈不相信他，认为自己是累赘，在争执的过程中，妈妈突然晕倒了。医生告诉英雄，他妈妈是因为太辛苦而引发了脑梗死。知道了妈妈默默为自己所做的一切，英雄决定努力工作，真正成为和父亲一样优秀的推销员。在英雄的努力下，他的业绩不断增长，终于他像父亲一样拿到了表彰奖状，当他把奖状拿给母亲看完回到公司后，却被告知公司即将被解散……

失业的英雄怎么也不会想到是前任老板的再三请求才使得他来到一家网络公司做化妆品推销专员，但业绩停滞不前的局面促使他又一次想到"门到门"上门推销的方式，从捕捉客户的每一个小细节入手，他又开拓了新的事业天地，他深情地告诉妈妈，只要不断执着努力，"想做的事"跟"能做的事"有时会是一样的。

剧情简介资料来源：http：//baike. baidu. com/view/307615. htm

【教师推荐】

这是一部励志电影，影片中我们在感叹母爱伟大的同时，也不得不为英雄努力、执着的精神所感动。我们有很多学习市场营销的学生，走上工作岗位后却不能安分守己地工作，工作开小差、为失误找借口的现象比比皆是，希望读者在英雄身上寻找到自身的差距，用实际行动证明给大家看——你是一个合格的推销员。选取本电影的目的，是告诉广大读者，什么是推销人员的职业道德，做好一名推销人员需要具备哪些优良的品质。

模块二
推销礼仪训练

实训目标

1. 要求学生正确掌握推销礼仪技能要求
2. 掌握标准的站姿、行姿、走姿、坐姿
3. 熟练掌握送访礼仪、服饰礼仪等相关内容要求
4. 优化服务意识，提升个人魅力

任务要求

1. 掌握推销人员妆容礼仪、饰品礼仪，学会正确系领带、丝巾
2. 掌握介绍与自我介绍、握手、交换名片礼仪，学会自我推销
3. 掌握迎送、拜访礼仪，学会标准的站姿、行姿、坐姿
4. 掌握就餐礼仪，在餐桌上如何有效地推销自己

技能（知识）点

1. 形体礼仪
2. 见面礼仪
3. 拜访礼仪
4. 迎送礼仪
5. 宴请礼仪

知识储备

一、形体礼仪

1. 标准站姿

（1）男士标准站姿。

第一种，双脚与肩等宽，挺胸抬头，目视前方，面带微笑，双手微握，放于裤线两侧；第二种，双脚与肩等宽，挺胸抬头，目视前方，面带微笑，右手压左手或左手压右手，放置在身后和肚脐平行处。

（2）女士标准站姿。

第一种，双脚成45°“V”字形，左手压右手或右手压左手，大拇指抵在自

己肚脐处（根据身高比例可上下调整 1 厘米），提气，挺胸抬头，目视前方，面带微笑；第二种，左脚放在右脚后或右脚放在左脚后成丁字步，身体转正，左手压右手（哪只脚在后，哪只手就在前）挺胸抬头，目视前方，面带微笑。

2. 标准坐姿

（1）女士坐姿。

在商务场合中，女士应从椅子右侧进入，出来时也应从椅子右侧出来，简要说，就是右上右下。第一步，（身体站在椅子后右侧）左脚先迈出一步；第二步，右脚落到椅子座位中央偏右处；第三步，两脚并齐；第四步，撩裙摆后坐下，最深坐到椅子的 2/3 处，不可以靠背；第五步，整理下上衣衣角；第六步，左手压右手，压在裙摆的下摆处，防止走光；第七步，双脚斜在左端或右端均可，目视前方，挺胸抬头，面带微笑。

女士起来，第一步，双脚收回、起立；第二步，右脚平伸；第三步，左脚向后退一步；第四步，右脚后退；第五步，双脚并拢；第六步，将椅子归位；第七步，转身离去。

（2）男士坐姿。

与女士坐姿相比，男士坐姿比较简单，挺胸抬头，面带微笑，双脚与肩等宽，双手放置于膝盖处，脚面要与椅腿平行，尽量不要有外八字和内八字，最深也坐到椅子的 2/3 处，不要靠背。

3. 标准行姿

推销员在走路的时候首先应挺胸抬头，显得充满自信。其次，步幅间距一只脚。再次，注意眼神的倾斜度：在职业场合眼神要下斜 15°，户外场合正常平视，逛街、去商场等要上扬 15°。最后，走路速度保持一呼一吸。

二、见面礼仪

1. 介绍礼仪

（1）自我介绍。

自我介绍是推销人员表明身份的常见方式。自我介绍应简洁明了，从容自信，在通常情况下，推销人员可以先说“您好”，然后报出自己的身份、姓名。如，“您好，我是 ABC 销售公司的业务代表张飞红，很高兴认识您。”

（2）介绍他人。

介绍的原则是将级别低的人介绍给级别高的人，将年轻的介绍给年长的，将男士介绍给女士，将未婚的介绍给已婚的，将本单位的介绍给外单位的。介绍他人的时候，应热情周到。正确的介绍手势是，大拇指张开，四指并拢，手心向上，朝向被介绍者。

2. 握手礼仪

握手是社会交往场合中最常见的礼仪，在推销活动中，一般在推销员与客户见面或告别时使用。握手时为表示对对方的尊重，可稍稍欠身，双眼平视，面带微笑，握手时不可戴手套（女士网状手套除外）。握手时要根据对方的个头、体质适当把握握手的力度，若握手疲软无力，会被对方认为不够热情；若用力过大，又会被对方误解为粗鲁无礼。

（1）握手顺序。

遵循“被动原则”，即约访的客户、上级、长辈、女士未伸手时，推销人员就不再主动伸手，用点头、鞠躬代替；若他们伸出手后，推销人员应积极配合。

（2）握手的方式。

握手时应大方地伸出右手，虎口向上，掌心向左，握手时间为2～3秒，稍加用力抖动1～2下，如表示尊敬、崇拜对方，可以用双手握住对方。

3. 名片礼仪

名片是社交场合中介绍自己身份的一种工具，推销人员在与客户交谈的时候，得体地递上名片可以更好地让对方记住自己，也为日后的合作提供便利。

（1）递送名片。

递送名片的通常顺序是级别低的人递送给级别高的人，年幼的递送给年长的，男士递送给女士。若对方先递送名片过来，应双手接过，再递出自己的名片。名片正确的递送方法：双手的食指与大拇指分别夹在名片两端，名片的字体正面朝向对方，反向朝自己，若名片中有生僻字，可同时顺带“您好，我叫章燚（yì），请多关照。”递送名片时应注视对方，点头微笑。

（2）接收名片。

接收对方名片时，身体略向前倾，双手去接，接过后应仔细查看，切不可漫不经心地装进口袋，更不要随手把玩丢弃在桌面上，遇有生僻字应及时向对方请教，以示尊敬。

（3）索要名片。

通常在社交场合索要名片是不礼貌的行为，但在商务场合中，推销人员可以主动索要名片，应双手接过名片并主动致谢，若遇对方没有携带名片或名片发完时，应记下对方的联系方式，以备将来需要。

三、拜访礼仪

陌生拜访简称陌拜，是推销人员经常进行的十分重要的工作。一般而言，推销人员在实际推销中，都要在事前对客户的有关信息进行一定的了解，并进行必要的沟通，以使推销达到预期的目的。拜访客户要遵守以下礼仪。

1. 提前预约

推销人员多半是通过登门拜访来实现与客户交流并介绍产品的。选择合适的时间登门，要事前与客户进行预约，以便客户能安排适当的时间与推销员交谈，按职场惯例，一般选择周二到周四的上午 10 点到 11 点或者下午 3 点到 4 点比较适宜。

2. 拜访准备

推销人员在约定时间后到拜访对方之前，要做相应的拜访准备。推销人员要想方设法地了解准顾客的性格、教育背景、社会经历等基本情况。

3. 工具准备

推销用事实说话，因此推销人员上门拜访的时候，最好带上一些推销的资料，还可以带些小礼物，如印有公司 LOGO 的笔记本、台历、钥匙扣等，能让客户在你转身离去的时候也能想到你。

4. 仪表准备

“人配衣服，马配鞍。”客户对推销员的第一印象 90% 取决于仪表，要想上门拜访成功，就要选择与个性相适应的服装，以体现专业形象。

5. 尊重客户

在约定的时间拜访客户时，一定要注意尊重对方。推销人员来到拜访对象门前，必须先轻轻敲门或按门铃，客户未说“请进”时不可擅自进入；与客户见面后应主动行握手礼，首先向客户致以问候并主动做自我介绍，若客户办公室内有其他人员，应逐一点头微笑问候，待客户示意请坐时方可就座。

四、迎送礼仪

迎送礼仪主要包括接待礼仪和送客礼仪两个方面，接待拜访者时都要主随客便，考虑周全，关怀备至，讲究礼仪，尽量使拜访者有宾至如归的感觉，促使双方的关系得到进一步的发展，为现在或今后的推销工作做好铺垫。

1. 接待礼仪

客户来访时，推销员应主动接待，领路时要面带微笑。推销人员应引领客人进入会客室或者公共接待区，并为其送水，如果是在自己的座位上交谈，应该注意声音不宜过大，以免影响周围同事。

2. 送客礼仪

“出迎三步，身送七步”是迎送宾客最基本的礼仪。当客人提出告辞时，推销人员要等客人全部起身后再站起来相送，切忌没等客人起身，自己先于客人起立。当客人起身告辞时，推销人员应马上站起来，主动与客人握手告别，同时选择最合适的言辞送别，如“希望下次再来”等礼貌用语。如客人带有较多或较重的物品，送客时应帮客人代提重物。与客人在门口、电梯口或汽车旁告别时，要与客人握手，目送客人上车或离开，并鞠躬挥手致意，待客人移出视野后，送客礼仪才算结束。

五、宴请礼仪

推销人员在推销工作中，经常会有宴请客户或出席客户宴会等应酬，在这些活动中，无论是应邀赴宴，还是招待宾客，都应注意遵循规矩，以达到宴请的目的。

1. 招待宴请礼节

推销组织或个人为答谢、庆功或开展特定的推销活动，都会考虑设宴这个形式。推销人员如能懂得并运用好招待宴请礼节，会收到事半功倍的效果。

①宴请对象。推销组织或个人举行宴会都是为了借此活动来联络感情或促进合作，如答谢宴和庆功宴等，应确定好被邀请人员以及与此活动相关的代表人物，不要有所遗漏，并明确告知对方宴会的意义。

②宴请时间、地点。招待顾客的时间、地点最好在宴请前与顾客商定。地点一般选在口碑或菜品有显著特色的酒店，环境幽雅。

③宴请函。宴会的邀请函或请柬至少让客户提前一周收到，若电话邀请也应提前一周进行，在仓促时间内请人赴宴是不礼貌的行为。请柬内容包括活动形式、举行时间、地点、主人名称（若以单位名义邀请，可用单位名称）。请柬行文不用标点符号，所提到的人名、单位名、节日名等均用全称。中文请柬行文中不提被邀请者的姓名，其姓名和职务写在请柬信封上，主人姓名放在落款处。请柬可以打印，亦可手写，手写也要保证美观、清晰。

④订菜。订菜应以客人的爱好为准，要兼顾来宾的年龄、习惯、口味差异、有无忌口等，也可以适当地考虑本地的一些特色，注意荤素搭配好。

⑤迎接。宴会开始之前，主人应在门口迎接来宾，有时还可有少数其他主要人员陪同主人列队欢迎，客人抵达后，宾主相互握手问候，随即由工作人员将客人引至休息厅小憩或直接引至宴会厅。

⑥入座。推销人员作为主人，在客人到达前要安排好席位以便客人入座。按照国际习惯，席位安排原则为：同一桌上，席位高低依距离主人的座位远近而定，右高左低。按照我国习惯，按照客人职务等级排列（若有台签，按台签对号入座）。陪同人员要坐在末端（主位正对面），避免让客人坐末端。

⑦进餐。上菜后，主人应该注意招呼客人进餐，要与同桌的人普遍交谈，敬酒不要强求，与客人碰杯时尽量低于对方酒杯的顶端，不要硬性逼迫对方喝酒，如有驾车者，要提醒对方不要酒后开车。

⑧送客。客人离去时，主人送至门口，与客人一一握手热情告别，说“感谢赏光，请慢走”以示欢送之意。在比较正式的场合，工作人员应列队于门口，欢送客人离去。

2. 赴宴礼节

①接到正式宴会请柬或邀请信，能否出席应提前答复，以便对方安排席位。在接受邀请之后，就应当出席，如遇到特殊情况不能如约出席，尤其是主宾，应尽早向对方解释、道歉。

②遵守赴宴时间。赴宴时不要过于早到，也不应迟到，推销人员出席宴会应正点或提前5分钟到达。

③抵达。抵达宴请地点，前往主人迎宾处，主动向主人问好。如是庆功活动，应表示祝贺。

④入座。到达后不要随意乱坐，应听从主人安排。如是宴会，进入宴会厅之前，先了解自己的桌次和座位，入座时按照台签对号入座。入座时应点头和其他已入座者打招呼，若遇到邻座的是年长者或妇女，应主动协助他们坐下。

⑤仪表。服装应整洁大方，头发要梳理，胡须要修刮。与赴宴季节相匹配，男士着西服、休闲西装、T恤，女士着西装、旗袍、连衣裙或其他礼服。

⑥进餐。推销人员应等主人招呼后，再开始进餐。夹菜应选择离自己最近的夹，如果有转盘，顺时针旋转，当有客人正夹菜时，不可旋转，吃东西要文雅，闭嘴咀嚼，喝汤不要啜，吃东西不要发出声音。吃剩的菜，用过的牙签、面巾纸都应放在盘内，勿丢置于桌上。嘴内有食物时，切勿说话，剔牙时要用手或餐巾遮口，打喷嚏要避开其他人。

⑦退席。退席时，一定要等主要客人先走或者留意主人的暗示，如果有事情需提前退席，则应悄悄向主人说明一下，或是到近前打招呼，以不惊动其他的客人为宜。

※实训综合训练※

实训任务2.1　形体礼仪训练

1. 标准站姿
2. 标准坐姿
3. 标准行姿

考核标准，面向镜子站立5分钟，小组组长检查。

※任务验收※

项目	分值/分	自我考核（40%）	小组考核（60%）	实际得分/分
任务理解能力	20			
任务分析能力	20			
任务解决能力	30			
团队配合能力	30			
合计	100			
小组排名				

实训任务 2.2 介绍及自我介绍训练

【他山之石】

1. 自我介绍训练：眼睛看着大家（或对方），面带微笑，声音洪亮，表情自然。

（1）普通版本。

“大家好，我叫张明，来自三峰销售公司，很高兴认识大家。”（面对多人时）

____

（2）借力“名人”版本。

“您好，您看过电影《张三丰》吗？对，我也姓张，我叫张明，我来自三峰销售公司，请多关照。”

____

2. 介绍小组成员。

____

3. 握手训练。

（1）动作要领：大方伸手，虎口相对；目视对方，面带微笑；男女平等，力度七分，停顿 3 ~ 5 秒。

4. 交换名片训练。

双手接过名片，同时说“谢谢”，将名片放入名片夹或上衣口袋中。同时双手持本人名片给对方（名片文字正面朝向对方），说“请多关照”。

【实训具体要求】

1. 向在座的全班同学介绍自己，把某个同学介绍给另外的一个同学，小组成员互相打分。

2. 按照拟订的身份、职务，与“同学”进行握手，小组成员互相打分。

3. 随机挑选学生，交换名片，小组成员互相打分。

※任务验收※

项目	分值/分	自我考核（40%）	小组考核（60%）	实际得分/分
任务理解能力	20			
任务分析能力	20			
任务解决能力	30			
团队配合能力	30			
合计	100			
小组排名				

实训任务 2.3 拜访、迎送礼仪训练

【他山之石】

1. 拜访时的顺序：预约—准备—准时—叩门—自我介绍—递名片。

叩门：力度适中，以三声为节奏，若无人回应，再叩三下，主人允许进入时，再进入。

2. 迎送时：

①有专人迎送时：引领—替对方开门—送客。

引领的动作要领：手心向上，五指并拢；横摆（小请），手位高度45°，用于指向近距离的位置；斜摆（中请），请对方落座（指向椅子）；直臂（大请），用于指向距离较远的远方（手臂伸直，与肩等高）。

②无专人迎送时：接待—问候—送客。

【实训具体要求】

1. 设定情境。

要求学生拜访某销售经理（另一学生装扮），按照拜访的流程，由小组学生互相打分。

2. 情境。

甲推销员经电话预约后到乙公司拜访乙经理，丙作为前台接待，引领甲到乙的办公室。根据引领礼仪流程，由全班同学为他们的表现打分。

3. 情境。

甲应乙邀请，到乙家做客，根据迎送礼仪流程，由全班同学为他们的表现打分。

※任务验收※

项目	分值/分	自我考核（40%）	小组考核（60%）	实际得分/分
任务理解能力	20			
任务分析能力	20			
任务解决能力	30			
团队配合能力	30			
合计	100			
小组排名				

实训任务2.4　就餐礼仪训练

【他山之石】

（1）入座。

根据自己的职位状况就座，若自己职位低，尽量远离主座位（一般面向门或靠近窗户的为主座位）；如有台签，应按台签就座。

（2）入座时遇到同桌的人，应点头示意，或递发名片。邻座有女士，可帮其拉开椅子，帮其入座。

（3）主人未说开席，尽量不要先夹菜，或者等主座位客人动筷子后，再动筷子。

（4）将汤碗放在骨碟上，骨碟不可盛菜，只可以装残渣。

（5）不可以起身夹菜，如餐桌不是旋转的，可请人帮忙，双手递过餐碗，示意并致谢；若餐桌可旋转，在不妨碍其他客人夹菜的情况下，顺时针旋转。

（6）每次夹菜要适量，汤碗堆放食物不要太满，骨头或残渣应吐放在骨碟里。当骨碟堆满时，应示意服务员更换骨碟。

（7）使用餐巾纸时，应将用后的纸巾纸放在骨碟里，不可随意丢在椅子下。

（8）吃饭中，要适时交谈，但说话时口中不可有食物。当客人旋转餐桌时，应给予配合。咀嚼食物应闭口，喝汤时勿啜，不可发出声音。

（9）若上菜时，已配备了公共筷子或汤勺，勿再使用个人的汤勺盛汤或菜品。

（10）不可以劝酒，敬对方酒时，自己的酒杯应斟满，对方可随意；酒杯相碰时，己方的酒杯应略低于对方杯口，表示尊敬；（若对方职位明显低于自己，或年龄明显小自己很多时除外）不可拼酒，若自己不胜酒力，应提前告知，否则，会显得被动；敬酒时遵从握手礼仪的顺序。

（11）就餐时若出现咳嗽，应转身，并用餐巾纸遮挡；若口中突然之间有痰，应取用餐巾纸，或起身去洗手间处理。

（12）剔牙时，应用一只手遮挡口部，不要让其他人员看见自己的牙齿。若遇到塞牙很严重，不能及时解决时，应起身带好牙签去洗手间。

（13）宴毕，等主人示意后离去，若有事需提前离席，与主人打招呼后，可对其他人说“抱歉，有点急事，各位慢用”，并点头表示歉意。

【实训具体要求】

1. 在指定的实训室进行就餐座位礼仪训练。要求辨明主座位，考查基本礼仪，能否熟练地在餐桌上“推销”自己，小组互评，并打分。

2. 就餐模拟，正确使用碗筷、酒具，如何夹菜进食，如何周正地向其他人敬酒，小组互评，并打分。

3. 就餐出现状况考查，咳嗽、吐痰、剔牙、餐具遗落、打翻酒杯等的处理情况，小组互评，并打分。

4. 就餐告辞考查，小组互评，并打分。

※任务验收※

项目	分值/分	自我考核（40%）	小组考核（60%）	实际得分/分
任务理解能力	20			
任务分析能力	20			
任务解决能力	30			
团队配合能力	30			
合计	100			
小组排名				

※娱乐与学习※

《窈窕绅士》教你熟悉推销礼仪，如何学会自我推销

【剧情梗概】

【监制】吴宇森、杨紫琼、张家振、唐在扬、邓汉强

【导演】李巨源

【编剧】李巨源

【主要演员】孙红雷、林熙蕾、洪小玲等

【出品年】2009 年

来自中国香港的吴嘉倩（林熙蕾饰演）在上海开了一家营销公司，惨淡经营着。有一次当她与农民企业家曾天高（孙红雷饰演）谈案子时，正好看到曾为追求超级名模芳娜（洪小玲饰演）碰了一脸灰的经过。心有不甘的曾要一改自己乡巴佬的形象，遂聘用吴对他重新包装和设计，日后以“新产品”姿态重新推出，让他可以从头再追求芳娜。吴在别无选择的情况下答应，但她除了改造曾的外表外，还着手为他进行一次“软件升级”，要同时改变他的内涵。她先用“体罚”来改正曾的陋习，强迫他戒烟，并安排大学教授为他单独讲课，学的知识上自天文下至地理，还让他学习上流社会的各种品性。到曾“内外兼备”的时候，吴带他在上海招摇过市、出双入对，还故意挥金如土，俨然一对新贵情侣，引来各界瞩目。

两人过了一阵快活日子，渐生情愫，但吴却告诉他，这其实是她的营销策略，曾不解，但答案很快便出现，香港的八卦周刊用狗仔队偷拍形式，图文并茂地大肆报道曾吴两人的“绯闻”，原来吴曾嫁入香港的豪门，成为城中名媛，因男友不忠而失婚，曾弄得满城风雨。吴在外国疗伤一段时间后，到上海寻找新生。她利用自己的“八卦价值”来煽起曾的“人气”，骗趋炎附势的芳娜自动献身。“绯闻”爆出后，吴借故离开上海，让芳娜可以“乘虚而入”。果然，在一次画展开幕礼上，两人重新“邂逅”，因芳娜已认不出如今风度翩翩、“学识过人”的查尔斯（吴为曾取的洋名），两人很快成为“朋友”，但还未到“好朋友”的地步。患了重伤风的吴回到上海，获悉曾芳的进展，心里五味杂陈。

因“绯闻”而在上海声名大噪的不止曾一人，很多大公司都慕名而来，上门找吴谈案子，顺便一睹佳人风采，使吴忙得不可开交。感冒加上劳累，使吴终于体力不支昏倒，醒来时发现自己在曾的家。原来他为了征询吴他出席芳娜的首映礼时要穿什么服饰的意见，到公司去找她时，发现她一个人昏倒在地上，便把她救回家，并为吴做了生日蛋糕。吴发现自己爱上了曾，曾也惊觉，与吴朝夕相对，两人之间已经有了感情。然而自己的“梦中情人”正在戏院门口等他，曾只好不舍地离去，吴也怏怏地回到公司。当晚，曾在众目睽睽和电视台转播之下，与芳娜联袂出席首映，曾犹如腾云驾雾。芳娜借故主动要求去曾的家，曾喜出望外，但也同时感到一阵内疚。回家后，经过一场内心挣扎，曾决定穿回以前

的老套衣服，以原来面目面对芳娜。芳娜大怒，反客为主，把曾撵走。与此同时，吴与朋友借酒浇愁，喝了一个晚上后，拿了朋友的自行车醉醺醺地夜游上海，竟在外滩遇上无家可归、独自流浪的曾。两人在江畔坐着，曾鼓足勇气向吴示爱，但不知道吴有没有听到，因为她睡着了，不过嘴边却泛着笑意……

资料来源：百度百科 http：//baike. baidu. com/view/2443507. htm

【教师推荐】

这是讲解推销礼仪的一部精彩电影，曾天高虽然不是一个推销人员，但是反观他身上的“粗鲁”表现，我们一些推销人员可以做到无则加勉，有则改之。古语说：“礼多人不怪。”我们推销人员更要知礼、懂礼。

选取本电影，除了告诉读者关注推销人员礼仪的学习外，更看重的是关于推销情节的很多看点，虽然电影着墨并不多，但是区区几个镜头就把吴嘉倩成功推销之处表现了出来，教你如何去有效推销。

模块三

实训企业认知

实训目标

1. 要求熟悉实训公司的自然情况
2. 熟悉公司的规章制度
3. 熟悉岗位的职责
4. 初步了解产品知识，并能提炼产品的卖点
5. 了解产品理货流程
6. 正确掌握开单流程

任务要求

1. 掌握公司的经营理念
2. 了解并认同企业的组织文化
3. 掌握公司的发展沿革，认知公司的业绩评价
4. 认知自己的岗位职责
5. 熟悉本区域的产品
6. 掌握品牌的含义
7. 知悉产品的保养知识
8. 遵守公司的规章制度
9. 熟悉岗位职责

技能（知识）点

1. 公司的发展历程
2. 公司的发展规模与业绩
3. 公司的企业文化
4. 公司的经营方针
5. 公司近年来所获得的荣誉
6. 了解产品的属性和功效
7. 了解产品的包装和货号

知识储备

一、熟悉公司情况

对于顾客来说，购买商品前一定要认清商品的生产厂家，即认可企业。因此推销人员必须了解其所服务的公司，只有掌握了公司的情况，才能更好地为顾客服务。推销人员要养成爱岗敬业的好习惯，首先要爱自己的企业。

1. 公司的发展历程

了解公司的创始和发展历程，可以向顾客传递更有说服力的公司背景资料，这些有关公司的文字介绍可以让顾客更容易地了解生产企业的信息。这些资料具体包括公司创立的时间和地点、创始人、注册资本等信息。

2. 公司的组织结构

推销是一个团队集体的活动过程，一般需要生产、发货、运输、配送等多个部门共同配合推销人员向顾客展开推销，因此推销人员一定要熟悉相关部门的情况，以便在自己的推销工作中得到对方的帮助，更好地为顾客服务。

3. 公司的发展规模与业绩

推销人员要了解公司目前的发展规模，了解企业的生产能力和供应能力等指标，知晓企业在行业中所占的市场份额、企业的竞争能力、产品品牌知名度等相关情况。

4. 公司的中长期发展目标

中长期发展目标关系到企业今后的走向，了解公司的未来发展规划可以让推销人员沿着职业发展规划前行。

5. 公司的企业文化

企业文化是企业组织的基本信息、基本价值观和对企业内外环境的基本看法，是由企业的全体成员共同遵守和信仰的行为规范、价值体系，是指导人们从事工作的哲学观念。推销人员只有认可了公司的企业文化和经营理念，才能在推销活动中让顾客信任产品的同时，进而信任公司。

6. 公司的经营方针

企业经营方针是贯彻企业经营思想和实现企业经营目标的基本途径和指导规范，是针对某一时期企业所面临的重要问题而采取的指导性原则。

7. 公司承担的社会责任

企业的生产经营活动，应树立较强的公关意识。公司的社会责任活动能给公众留下深刻的印象，推销人员要熟悉这些情况，并借此影响顾客从而促进推销工作的进行。

8. 公司近年来所获得的荣誉

通常来说，消费者都愿意在相同的价位前提下购买知名企业的产品，因此推销人员了解企业所获得的荣誉，可以及时地给顾客传递积极的信息，能大幅增加顾客的购买意愿。

二、熟悉产品

推销人员在熟悉企业后一定要熟悉自己推销的产品，耐心解决顾客提出的疑虑就可以提高成交率。一般来说，我们可以从以下几个方面熟悉产品：

1. 产品的属性与功效

（1）了解产品的属性。

产品属性是指产品本身所固有的性质，是产品在不同领域差异性（不同于其他产品的性质）的集合。也就是说，产品属性是产品性质的集合，是产品差异性的集合。

（2）了解产品的功效。

推销的实质是满足顾客的需求，因此顾客购买任何一件产品都会首先辨析该产品能给他带来哪方面的利益，包括使用的基本利益、经济利益、舒适利益、方便利益，而产品的功效是满足顾客最关键的、最核心的利益。作为推销人员要想卖好商品，只有亲自了解产品的功效，才能赢得顾客的信任。

2. 产品的保养维护

推销人员在推销商品的时候，要及时告知顾客产品保养的注意事项，以防顾客用错误的保养方式导致商品损坏，推销人员了解的保养知识越多，顾客就会越认同产品，购买欲望也越强烈。

3. 熟悉工序

工序就是产品的生产流程，简单地说，就是你看到的产品实物是如何一步步被加工完成的过程。以不锈钢折叠椅为例，一把不锈钢椅子的加工完成主要通过以下五道工序：成型—焊接—磨光—抛光—包装。推销人员还要熟悉产品的工序，这有助于更好地理解产品价格的形成，在与客户商洽时会对产品报价做到心中有数，而在客户提出产品改进时也会更好地进行沟通。

4. 熟悉产品包装

包装看似简单，但往往问题就出在包装上，因为它比较繁杂。某些物品需要短途或长途运输的时候，就需要和顾客讲清楚，因此推销人员还要注意产品包装的细节，包装主要分包装物和印刷品两方面的内容。

三、熟悉自己工作的职责

1. 促进产品销售，开拓市场

推销人员的首要职责就是要销售企业的产品，完成企业规定的销售任务。正如教师的第一职责是传道授业解惑，医生的第一职责是治病救人，推销人员的最基本职责就是将商品推销出去，否则，服务态度再好也失去了意义。推销人员在工作中除了不断了解顾客的需求状况，还要负责开发新的销售领域，做好开拓市场的工作，扩大企业产品的销售范围，发现企业产品的新用途。换句话说，寻找客户、发现市场、抢占先机、确认顾客需求，都是推销人员必须完成的第一步工作。

2. 搜集情报，服务企业决策

推销人员对产品的市场销售现状最具有发言权，他们直接走向市场、接触客户，是企业最合格、最尽职的市场调研员。推销人员是连接企业和顾客的桥梁和纽带，在拜访客户的过程中，推销人员要在及时地向客户准确地介绍、推荐产品的同时，及时搜集顾客对产品的反馈信息，了解顾客对产品的评价，记录顾客对产品使用的心得，探询顾客对产品功能、特点的新需求，随时关注市场对产品的认同，捕捉市场的信息，为企业的经营决策和产品的研发部门提供系统性的数据。如听到下面这段话，推销人员是否需要仔细斟酌如何改进公司的产品。“大姐，你觉得我们的切菜器效果怎么样?”“真不怎么样，把柄那么短，上次我姑娘切菜差点切了手，而且切出来的菜，花样太单一，你看我大女婿从上海给我带回来的切菜器就比你这好多了，你们的产品得好好改进了。”

3. 维护客户关系，服务于顾客

产品其实是一个整体概念，它包括核心层、形式层、附加层三部分，而附加层就包括了服务、包装、顾客咨询等内容，因此在推销过程中，顾客购买到的不单纯是产品，还有推销人员的服务内容，推销的本质就是服务顾客，对某类商品而言，没有服务就没有购买。推销人员的服务范围，包括推销前的咨询、介绍服务，推销中的答疑、参谋服务，推销后的关系维护、配套售后服务三个过程，即我们常说的售前服务、售中服务和售后服务。售前服务要做到积极主动热情地向顾客推荐和介绍产品优点，为顾客提供耐心、周到、细致的咨询服务，做到百问不厌；售中服务要做到亲切自然，尽心尽力当好顾客参谋，增强顾客购买的信心，打造和谐的推销气氛，促进顾客顺利成交；售后服务是要为顾客做好安装、调试、保养、维修等工作，以解除顾客的后顾之忧。推销员提供优质服务的目的是建立与顾客之间的感情，为企业产品的日后销售打下扎实的基础。

4. 树立企业良好的形象

推销人员推销商品的过程，也是顾客了解、认识生产企业的过程，推销人员在介绍商品的同时必然会连带介绍自己的企业，顾客只有接纳推销人员、认可商品，才能认同企业。推销员是连接顾客和企业的桥梁，也是企业的一面镜子，推销人员仪表堂堂，谈吐流利，服务态度端正，推销礼仪规范，就会获得顾客的好感，顾客就认为生产企业优秀，从而增强购买商品的信心，否则，就会排斥企业，如“瞧他们推销人员满嘴的脏话、脏兮兮的服饰、破了洞的袜子、开口的鞋子、黄黄的牙齿，他们公司也不会好到哪去，这样的产品我可不敢买”。因此，推销人员应把企业形象放在首位，不可为贪图个人私利而损害公司形象，毕竟推销人员的表现好坏就是顾客判断企业优劣的试金石。现实中，有的推销人员为了多拿提成，产品明明有缺陷，却故意隐瞒顾客，明明顾客有购买犹豫期，却为防跑单而故意拖延，表面上看是推销人员的个人行为，但顾客却将责任完全迁怒于企业，最后毁掉的往往是企业的形象。

※实训综合实训※

实训任务 3.1 熟悉企业的自然情况

1. 实习企业的名称：________________
2. 企业的经营理念：________________
3. 企业的创始人：________________
4. 企业总部：________________
5. 企业简介：________________

____

____

____

____

____

6. 企业的文化：________________

____

7. 企业的用人标准：________________

____

____

8. 企业所获得的荣誉：________________

____

※任务验收※

项目	分值/分	自我考核（40%）	小组考核（60%）	实际得分/分
任务理解能力	20			
任务分析能力	20			
任务解决能力	30			
团队配合能力	30			
合计	100			
小组排名				

实训任务 3.2 熟悉工作岗位

1. 岗位名称：________________
2. 同岗位同学：________________
3. 岗位指导师傅：

主管：____________ 督导：____________ 其他：____________

4. 本岗位职责：____
____
____
____
____

5. 岗位工作要求：
上班到岗时间：______午休时间：_______下午下班时间：____________
6. 每天值日清扫时间及次数：____________________________________
7. 晨会时间、地点：____
8. 岗位问候语：____
____
____

9. 是否需要站立式服务：A. 是　　　B. 否
10. 休息地点：____
11. 有事需向谁请假：____
12. 收银台位置：____
13. 管理人员办公区域：____
14. 卫生间位置（客人询问时可指路）：___________________________
15. 总服务台位置：____
16. 每天师傅交代的日常任务：_____________________________________
____
____
____
____
____
____

17. 其他事项：____
____
____
____
____

※任务验收※

项目	分值/分	自我考核（40%）	小组考核（60%）	实际得分/分
任务理解能力	20			
任务分析能力	20			

续表

项目	分值/分	自我考核（40%）	小组考核（60%）	实际得分/分
任务解决能力	30			
团队配合能力	30			
合计	100			
小组排名				

实训任务 3.3　推销产品认知

1. 熟悉产品的品牌：左端画出品牌，右端写出各字母含义。

2. 熟悉产品的主要优点。

(1) ____________________

(2) ____________________

(3) ____________________

(4) ____________________

(5) ____________________

3. 了解产品的主要参数。

(如以冰箱为例) (1) 压缩机：____________________

(2) 产品类别：A. 三开门　B. 双开门　C. 单开门　D. 对开门

(3) 容积：　冷藏室：　冷冻室：

(4) 耗电量：____________________

(5) 能效比：____________________

(6) 噪声比：____________________

(7) 外形尺寸：____________________

(8) 质保时间及范围：____________________

(9) 是否安装调试与配送：____________________

(10) 其他说明：____________________

4. 其他产品：____________________

____

____

____

※任务验收※

项目	分值/分	自我考核（40%）	小组考核（60%）	实际得分/分
任务理解能力	20			
任务分析能力	20			
任务解决能力	30			
团队配合能力	30			
合计	100			
小组排名				

实训任务 3.4 识别产品卖点

1. 该产品的品牌在业界评价：______________________

2. 在价位相同的前提下，该品牌产品的卖点：______________________

____

____

____

3. 产品有无价格浮动：A. 有　　B. 没有　浮动范围：______________

4. 实训期间，店里有无促销活动：A. 有　　B. 没有

活动内容：______________________________________

____

____

____

____

5. 跟师傅学引领顾客的流程：

____

____

____

____

____

____

____

6. 当顾客询问其他品牌商品的时候，你该如何作答：

____

____

7. 掌握电脑开单（开票）流程：

（1）必填项目：

（2）选填项目：

※任务验收※

项目	分值/分	自我考核（40%）	小组考核（60%）	实际得分/分
任务理解能力	20			
任务分析能力	20			
任务解决能力	30			
团队配合能力	30			
合计	100			
小组排名				

实训任务 3.5　岗位职责

1. 你每天的工作任务：
2. 你每天的客户拜访量：
3. 你每天的销售量：
4. 你的销售台账登记情况：
5. 今天你的休息时间：
6. 今天你去洗手间的次数：
7. 是否完成师傅（组长）交代的工作：
8. 需要进一步完善的地方有哪些：

※任务验收※

项目	分值/分	自我考核（40%）	小组考核（60%）	实际得分/分
任务理解能力	20			
任务分析能力	20			

续表

项目	分值/分	自我考核（40%）	小组考核（60%）	实际得分/分
任务解决能力	30			
团队配合能力	30			
合计	100			
小组排名				

※娱乐与学习※

《战争之王》让你明白熟悉你的产品是你推销成功的关键

【剧情梗概】

【导演】安德鲁·尼科尔

【编剧】安德鲁·尼科尔

【主演】布丽姬·穆娜、尼古拉斯·凯奇、伊桑·霍克、杰瑞德·莱托

剧情描述凯奇扮演的商人在企求一步登天的路上遭到背叛及追杀，令他不得不开始面对自己的道德良知，突然间良心发现并决心退休。但告别这个充满酒色财气的声色世界并不如想象中那么容易，而他的客人与敌人也不允许他扬长而去，金钱、权力、女人甚至竞争者的诱惑使他不得不向命运低头。

这是根据真实故事改编的一部关于战争、金钱和个人良知的动作大片。主人公自欺欺人地相信：武器和其他商品没有什么区别，因而忽略了军火背后的战争的原罪性，最终导致家破人亡，备受良心的折磨。

主人公尤里在少年时跟随家人从欧洲移居美国。18 岁那年，他加入联合国维和部队，作为一名翻译被派往非洲。由于厌恶战争，他对自己所从事的工作毫无兴趣。一个偶然的机会，他把军火转手倒卖给民间武装军队。并且在此期间，他遇到了一见钟情的女人埃娃。回到美国后，尤里劝说弟弟维塔利加入了他的军火生意，两人开始靠倒卖地下军火赚钱。但是两大威胁像幽灵一样困扰着尤里：他生意上的死对头和杰克——一个对他紧追不放的国际警察。维塔利染上了毒瘾，每每看到弟弟毒瘾发作的样子，尤里十分痛心，但是却无能为力。

尤里对埃娃一直念念不忘，设法与其见面，并成功地使埃娃爱上了他。尤里告诉埃娃，他在从事国际运输的大生意，并且赚了很多钱。两人结婚，并有了一个孩子。在妻儿面前，尤里是个完美的居家男人，一心一意地照顾他们，甚至会把儿子房间里的玩具枪拿走，不让他接触到这些暴力的东西。在另一方面，尤里的谎言却很难维持下去，为了赚钱，他回到了乌克兰，又开始了他的老本行。

国际警察组织逮捕了尤里，但由于证据不足，又很快释放了他。埃娃开始对他的生意产生了怀疑，并质问他，尤里承认了自己是军火商。为了妻子和这个家，他决心当个做正当生意的商人。在很多尝试都不成功后，本性使他回到了老路上，说服弟弟和他一起去非洲谈生意，谁知中途出了乱子，弟弟热爱和平的心

导致他袭击杀害了安德烈二世，并炸毁了一车军火，然后被非洲人乱枪射死，尤里逃过一劫，完成了这笔生意。

弟弟的死对尤里触动很大，他开始思考自己所做的事的意义和正确性。回到美国后，父母不肯原谅他，将其逐出家门，埃娃也带着孩子离开了他，并向警方告发他的罪行。

尤里被国际警察抓住，但是很快就被释放。在最后几分钟里，其实包含了最关键的一幕，其实不知道什么时候尤里早已为美国官方工作，这也是尤里做军火这么顺利的主要原因，所以尤里又被无罪释放了，但是尤里的今后结局依然是未知的……

剧情简介资料来源：http：//baike. baidu. com/view/333744. htm

【教师推荐】

这是一个反面典型，主人公尤里算是个枭雄，一个有野心、见钱眼开的人，他为了个人的财富，将所有的道德伦理全抛在脑后。表面上他一直很风光，大把大把地赚取着钞票，可是他一直在受到良心的谴责，众叛亲离、夫妻反目。在国难面前大发不义之财，他赚取的每一张钞票都沾满了贫苦人的鲜血，虽然制度体制原因可以让他逍遥于法外，但是这种人不可能受到人们的尊敬。选用此影片的目的，就是告诉读者，做事情要考虑道德底线，想清楚什么钱该赚，什么钱不该赚。尤里的成功是利用了亲情，但是这种背信弃义的伎俩，确实值得我们反思，难道推销人员要赚钱就要以牺牲亲情为代价吗？这样赚到钱，你能睡个安稳觉吗？我们在分析他推销成功的同时，也要做好防范，不要被类似这样的花言巧语所蒙骗，要知道在原则面前，即使亲情也不能凌驾于法律、正义之上。

模块四
寻找顾客训练

实训目标

1. 灵活运用寻找顾客的主要方法
2. 快速寻找潜在顾客
3. 筛选出合格的准顾客

任务要求

1. 顾客识别训练
2. 寻找顾客技巧训练
3. 顾客资格审查训练

技能（知识）点

1. 准顾客的筛选
2. 寻找顾客的方法
3. 顾客资格审查

知识储备

一、准顾客

顾客，即推销的对象，通常来说，推销人员拥有的顾客越多，就越容易提高销售业绩。准顾客，就是有可能购买产品的顾客，即具备潜在购买行为的人。

准顾客至少应具备下列三个条件：有购买产品或服务的需要、有充足的支付能力、拥有购买决策权。

二、准顾客的种类

（1）新拓展的客户，即从未接触过商品的客户。一般来说，接触的顾客越多，那么拓展的准顾客数量就会越大。

（2）现有客户，即已经购买过商品的顾客。开发一个新的准客户所耗费的时间，基本等同于联络五个原有顾客，把握现有顾客对推销人员来说非常重要。

（3）中断购买的客户。客户购买商品后没有再继续购买，推销人员要探析他们不再购买本公司产品的原因，并积极地提出对策，使这类中断的客户再次成为自己的准客户。

三、寻找准顾客的程序（如图4－1所示）

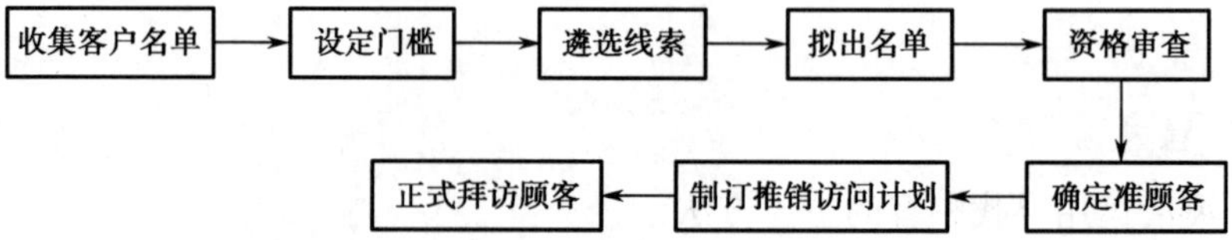

图4－1　寻找准顾客的程序

推销员首先要根据商品的材质、性能、价格、用途，设定好目标客户群，设定有可能成为准顾客的门槛。

四、寻找顾客的方法（见表4.1）

表4.1　顾客寻找法优缺点一览表

序号	寻找顾客方法	优点	缺点
1	普访寻找法	①简单、易学，适合推销新手，便于推销员积累经验。 ②应用广泛，较全面反映顾客的情况	①盲目性大，费时费力，效果差。 ②易遭顾客反感、拒绝，易给推销人员带来精神负担和压力
2	连锁介绍法	①寻找顾客针对性明确，易赢得新顾客信任，成功概率高。 ②适用范围广	①现有顾客介绍新客户具有不确定性，推销人员易显得被动。 ②获得新客户名单时，易打乱原有的拜访计划
3	中心开花法	①依靠中心任务扩大产品影响力。 ②把主要精力专注于中心人物，节省时间和精力	①中心人物难以寻找，且难以接近和说服。 ②有的单位中心人物不一定唯一，易发生摩擦
4	个人观察法	①直接接触顾客，排除中间干扰。 ②利于提高推销人员的观察、判断能力，使其快速成长	①成功与否完全取决于推销人员个人的经验判断，具有不确定性。 ②由于对客户几乎陌生，被拒绝的概率较高

续表

序号	寻找顾客方法	优点	缺点
5	广告开拓法	①广告传播范围广，节省推销人工费用。 ②广告既可寻找顾客，又可提高产品的影响力，易于被顾客接受。	①广告费用较高，高质量广告难以制作，又难以实际测定。 ②媒体选择困难，针对性难以把握。 ③受广告法约束，部分产品不能用此法推广
6	委托助手法	①节省推销时间、费用，便于推销人员集中精力进行客户拜访。 ②利于开拓新的市场，便于扩大产品的影响力	①难以挑选合适的助手，且会增加推销费用。 ②推销人员业绩受限于助手的合作，易使推销员失去主动权。 ③有时助手可能会反戈，泄露商业机密或跳开推销人员以获得更大利益
7	资料查找法	①省时、省力、省费，减少推销工作的盲目性。 ②简易、便捷、效率高	①资料时效性有限。 ②资料需要核查、筛选。 ③部分资料难以查找或不全
8	市场咨询法	①节省时间、费用。 ②方便迅捷，信息真实可靠	①工作处于被动地位，易错失良机。 ②咨询信息具有间接性、时限性、局限性
9	网络寻找法	①成本低，简单便捷，能及时了解顾客需求。 ②寻找顾客范围无边界限制	①可信度不高，难以寻找重要资料。 ②较难引起顾客回应
10	会议寻找法	①成本低，效率高。 ②可以有效提升个人影响力	①信息筛选工作量大。 ②重点客户的信息难以收集
11	电话寻找法	①方便迅捷，信息反馈快。 ②单线联系，不受外人干扰	①信息的准确性差，被拒绝的可能性大。 ②顾客警惕性高，很难了解顾客的真正需求
12	关系开发法	①成本低，速度快。 ②可信度高，易于被顾客接纳	①顾客期望值高、对产品性价比产生质疑。 ②有“杀熟”之嫌，易引起反感

五、顾客资格审查的含义

所谓顾客资格审查，是指推销人员对已选定的准顾客，按照一定的标准进行细分，以确定其是否符合目标顾客标准的过程，又称为“顾客评价”。对顾客资格的审查主要围绕以下几个方面展开：是否有明确的产品需求；是否有足够的支付能力；是否有购买自主权；是否有资格购买。顾客资格审查包括顾客购买需求的审查、顾客支付能力的审查、顾客购买资格的审查。

六、建立客户档案

建立顾客档案可以为推销人员拜访、接近顾客提供准备资料，便于推销人员牢牢地抓住顾客，为制定推销策略、采用技巧提供铺垫。

1. 收集准顾客资料

“话不投机半句多”，推销员拜访顾客的时候，要投其所好，注意收集对方感兴趣的话题，因此顾客资料除了要包括顾客的自然情况，如姓名、性别、出生日期、学历、电话、住址、工作单位、职业职称外，还要包括其他个人信息，如业余爱好、配偶姓名、子女状况等，另外还要了解顾客的需求状况。

2. 顾客档案常用方法

（1）按客户姓氏排列。

这样整理的好处是不会遗漏每一个客户，也不会打乱原来顾客档案的排列顺序，想要查找客户资料的时候，完全可以像查《新华字典》一样，按照字母排列顺序查找，简单、便捷，但缺点是档案利用率相对较低，不能及时在顾客生日或重大纪念日时，给客户发送祝福或提示信息。

（2）按客户出生日期排列。

按照顾客的出生月份排列，这样就可以及时了解到哪一天是顾客的生日，推销人员把该月份即将过生日的客户的名单列出来，就可以顺便做个拜访计划，使自己的推销工作始终有头有绪，同时也方便在顾客生日当天发送祝福短信，加强感情交流。

（3）按客户职业类别排列。

相同职业类别的顾客就会有很多的共同语言，如保险营销人员的主要工作就是推荐保单、服务顾客，如果把相似职业的客户组织起来，他们的交际圈子就会扩展。职业类别相似的顾客会有更多相同的话题，参与聚会的顾客也更乐于参加，他们心情愉快了，自然更认同展业人员，也愿意让自己身边的同事纳入聚会小团体当中，毫无疑问，保险营销人员的准顾客群如同滚雪球一般，也会越来越多。同时这些已经参保的顾客还可以作为潜在顾客的佐证，对有从众心理的准顾客起到很好的促进作用。

（4）按客户职务高低排列。

任何推销都需要榜样的力量，推销人员将客户按职务高低排序的好处是，便于借用名人效应，如“您看，张局长都是我的客户，他对我的服务非常满意，您就放心购买吧”。

（5）按购买金额或数量排列。

按照 80∶20 的原则，将最有限的时间用于对重点客户的服务上，通常来说，重点客户的人群交际面的层次相对来说比一般客户更广一些，这类客户的购买能力也略好于普通客户。

（6）按购买商品的日期排列。

这样整理客户档案的好处就是可以了解顾客的购买时间和购买商品的频率，及时督促他们二次购买。

3. 建立顾客数据库

可以利用 EXCEL 系统，建立顾客数据库，将所有的资料保存在系统中，方便及时查阅。

4. 拜访记录及时整理

推销并非一次拜访就能搞定的事情，因此推销人员要养成及时记录拜访日志的习惯，和顾客接触的时候，对顾客的态度、行为做好登记，如有 70% 的购买意愿，还需再次进行深度沟通等，及时做好跟进，直到成功攻下客户，使推销工作富有条理性。

复习思考题

1. 简述顾客资格审查的内容。
2. 简述顾客支付条件审核的意义。
3. 组织购买如何进行购买决策审查？

※实训综合任务※

实训任务 4.1　辨别顾客训练

观察走进你工作区域的顾客：从他的穿着、服饰、气质、眼光视线等方面大体判断他的收入状况、职业、消费类型，设计开场白，引领其消费。

（1）顾客的性别：A. 男性　　B. 女性

（2）顾客的年龄：A. 20～30 岁　B. 31～40 岁　C. 41～50 岁　D. 50 岁以上或 20 岁以下

初步判断：顾客的家庭状况　　A. 两口之家　　B. 三口之家　　C. 大家庭　D. 单身

（3）顾客的衣着：______________________________

____

顾客佩戴的首饰：______________________________

初步判断顾客的收入：A. 高　　B. 中　　C. 低

（4）对顾客的第一印象：A. 有气质　B. 开朗热情　C. 内向、不爱说话　D. 沉闷、不好相处

（5）初步判断顾客有无购买意愿：A. 有　B. 没有　C. 可以引导　D. 不确定

（6）设计开场白，引导顾客购买：______________________________

（7）从顾客应答上是否了解到顾客需求：A. 是　　B. 否［如选 B，则转到（10）］

（8）如选 A，则顾客的需求内容：A. 为其本人（家庭）　B. 为爱人（朋友）C. 为孩子

（9）根据选项，确定推荐商品的理由：A. 偏经济　B. 偏实用　C. 偏时尚　D. 偏贵重

（10）当顾客需求不明确的时候，还应巧妙询问哪些问题？或你该如何做？

（11）需求还未探明再回到（10），需求探明则转到（8）。

（12）写出此次寻找顾客的得失，总结经验，为下一次寻找做好铺垫：

※任务验收※

项目	分值/分	自我考核（40%）	小组考核（60%）	实际得分/分
任务理解能力	20			
任务分析能力	20			
任务解决能力	30			
团队配合能力	30			
合计	100			
小组排名				

实训任务 4.2　寻找顾客训练

对于已经走入你区域的顾客，该如何挖掘顾客的需要，引领其购买商品。

（1）顾客进入你的服务区域，你的欢迎词：

（2）根据顾客的需求，你如何推荐商品并说明理由：________________

____

____

（3）你如何引导顾客试穿或试用：

____

____

（4）顾客对你的介绍不感兴趣的时候，你该如何引导：________________

____

____

（5）当顾客明确不想购买商品时，你应如何引导：________________

____

____

（6）当顾客向你询问其他品牌商品优点的时候，你正确的做法是：________

____

____

（7）当顾客准备离开时，你应说些什么：________________

____

____

※任务验收※

项目	分值	自我考核（40%）	小组考核（60%）	实际得分
任务理解能力	20 分			
任务分析能力	20 分			
任务解决能力	30 分			
团队配合能力	30 分			
合计	100 分			
小组排名				

实训任务 4.3　门店顾客资格审查训练

顾客资格审查的实质是寻找、捕捉到最有可能的顾客，当你在店中忙碌，若有多个顾客光临时，你不可能做到面面俱到，这个时候就要第一时间找准最有可能购买商品的顾客。

【他山之石】

“人靠衣服，马靠鞍。”推销人员推销商品时不可以“以貌取人”，但在同一时间接触两个及两个以上顾客时，应本着推销效率最大化原则，根据顾客资格审查方法，做好适度的协调，以使推销效率最大化。

(1) 顾客资格审查的内容：________________

____

____

(2) 门店顾客资格审查应从何处着手：________________

A. 衣着　　B. 饰物

C. 神色　　D. 眼神

E. 表情　　F. 其他

(3) 当你正招呼客人的时候，又来了新客人，该如何应对：________________

____

____

____

(4) 当你正向顾客推荐商品，远处客人喊“营业员”时，你该如何应对：

____

____

____

(5) 当有两名或两名以上的顾客同时询问的时候，你该如何操作：________________

____

____

(6) 当一名衣着较普通的顾客，让你拿较贵重的商品，且商品在库房中需要花费时间寻找时，你应如何操作：________________

____

你选择该操作的理由：________________

若还有其他顾客的时候，你该如何操作：________________

____

你选择该操作的理由：________________

(7) 当顾客转身离去时，你应如何操作：________________

____

____

※任务验收※

项目	分值/分	自我考核（40%）	小组考核（60%）	实际得分/分
任务理解能力	20			
任务分析能力	20			
任务解决能力	30			
团队配合能力	30			
合计	100			
小组排名				

实训任务 4.4 客户档案

1. 个人客户档案的建立

姓名		性别		出生日期	
学历		职业/职务		住址	
工作单位		年收入		兴趣爱好	
婚姻状况		配偶姓名		子女情况	
购买商品				购买时间	
备注					

2. 企业客户档案的建立

客户名称		法人代表	
单位性质		经营范围	
单位地址		联系电话	
经营规模		订购商品	
订购数量		直接负责人	
办公电话		手机	
签订合同时间		付款方式	
收款时间		资信等级	
备注			

※任务验收※

项目	分值/分	自我考核（40%）	小组考核（60%）	实际得分/分
任务理解能力	20			
任务分析能力	20			
任务解决能力	30			
团队配合能力	30			
合计	100			
小组排名				

※娱乐与学习※

《模范家庭》教你掌握与陌生客户建立好感的技巧

【剧情梗概】

【导演】德瑞克·伯特（Derrick Borte）

【编剧】德瑞克·伯特（Derrick Borte）

【主演】黛咪·摩尔（Demi Moore）、大卫·杜楚尼（David Duchovny）、艾梅柏·希尔德（Amber Heard）等

大卫·杜楚尼和黛咪·摩尔扮演了一对小镇上的明星夫妻，他们的一双美貌儿女由本·霍灵斯沃斯和艾梅柏·希尔德出演，这个人人羡慕的中产阶级家庭背后有着不为人知的秘密。琼斯一家并非真正的家庭，而是被雇用来刺激小镇居民们消费欲望的模特！在影片的一开始，我们就见到了史蒂夫·琼斯一家人。

他们是我们心中理想人生、理想家庭和理想生活的样板中产阶级，丈夫英俊、潇洒，妻子性感、漂亮，眼角没有皱纹，孩子知书达礼，成绩不错，周围总是跟着一群朋友。史蒂夫·琼斯先生总是有无穷的时间休闲和玩乐，琼斯太太总是做着最好、最贵的美容，而他们的孩子总是玩着最新和最酷的电子产品。

这些天，琼斯家族来到了一个小镇生活，很快，他们一家就成了他们居住的小镇的明星家庭，四个家庭成员都以自己的方式融入了这个小镇的生活之中。琼斯家庭的两位邻居：拉里和莎莫是他们最忠实的粉丝和信徒。在和他们共享现代化的奢侈的生活方式的同时，他们也为琼斯一家保守着他们不可告人的秘密。可是随着时间的慢慢逝去，琼斯先生和琼斯太太之间的矛盾也渐渐显露了出来。

其实不仅仅是这一男一女之间的矛盾，他们的家庭和生活方式都是一个巨大的骗局。原来，琼斯一家是市场营销公司雇用来的演员，他们把一种对奢侈品的消费欲望带到这个小镇，用自己“偶像明星”的地位来推销生活方式和奢侈的生活态度，他们的工作就是刺激小镇人民拼命消费，他们的收入和小镇人民购买的商品数量息息相关。

最后，邻居拉里的死让琼斯感到愧疚，琼斯向小镇的人们揭开了真相……可是除了咒骂的声音，还能挽回什么呢？

琼斯太太又和新的成员组成了模范家庭，当琼斯追到新家庭向琼斯太太再次表白的时候，还是被无情地拒绝了，因为在琼斯太太眼里他们毕竟是两类人，可是在片尾琼斯太太突然醒悟，做出了一个大胆的决定……

资料来源：百度百科 http：//baike. baidu. com/view/3490870. htm 有修改

【教师推荐】

这是一个以家庭为组合的团队推销故事，四位家庭成员各自发挥自身的优势去向周围的顾客炫耀自己的商品，以使自己的销售业绩得到“公司”的奖励，

这里也充满着欺骗，我们在学习他们娴熟的销售技能的同时，也要睁大眼睛，防范围绕在我们周围的类似骗局。

选取该电影的主要目的，是引导读者理解寻找顾客的重要性及学会如何与陌生顾客建立好感，为推销做好铺垫。

模块五
接近顾客训练

实训目标

1. 灵活运用接近顾客的各种方法与技巧
2. 成功地接近顾客
3. 吸引顾客的注意
4. 激发顾客的兴趣

任务要求

1. 了解接近顾客的准备工作
2. 掌握接近顾客的方法
3. 掌握门店推销的具体内容
4. 掌握电话推销的技巧

技能（知识）点

1. 熟悉推销接近的准备工作
2. 掌握接近顾客的方法
3. 掌握门店推销的技巧和方法
4. 熟悉电话推销礼仪和策略

知识储备

一、接近顾客的准备

所谓接近准备，是指为了更好地达到接近准顾客的效果，推销人员在接近准顾客之前尽可能地多了解一些准顾客的情况，避免冷场的出现。

1. 心理准备

“看戏的是疯子，演戏的是傻子。”推销人员接触客户前要时刻铭记：“自信，自信，再自信!”消除胆怯的心理，做好心理准备，大方得体地向客户说出你心中想说的话。

2. 顾客资料的准备

销售人员在接近不同类型的准客户时，需要依据其类型进行不同的准备。下面分别进行说明。

（1）个体准顾客。

①姓名。如果推销人员初次见面就能准确地叫出顾客的名字，会瞬间拉近推销人员与顾客之间的距离，使顾客产生一见如故的感觉。

②年龄。不同年龄的人会有不同的个性差异和需求特征，因而会有不同的感兴趣的话题。

③性别。男女准顾客在其性格、气质、需要和交际等方面均有区别，推销人员应区别对待。

④民族。了解准顾客的民族属性，准备好有关各民族风俗习惯的材料，是接近少数民族准顾客的一个好方法。

⑤出生地。"美不美家乡水，亲不亲故乡人。"如果准顾客与推销人员同属一个出生地，更能缩短距离。

⑥职称、职位状况。不同职业的人在价值观念、生活习惯、购买行为和消费内容与消费方式等方面存在着比较明显的差异。

⑦学习、工作经历。对于推销员来说，了解推销对象的学习及工作经历将有助于约见时与其寒暄，易形成共鸣，拉近双方的距离。

⑧业余爱好。了解准顾客的兴趣爱好，不仅有利于有针对性地向准顾客推销商品，以投其所好，而且更有利于寻找话题接近准顾客。

⑨需求内容。推销人员应重点了解准顾客需求的具体情况，便于有针对性地做好推销工作。

⑩办公场所及居住地址。准顾客的住址、办公地点和经常出入、停留的地方，对推销人员而言是非常重要的资料。

（2）团体准顾客。

团体准顾客是指除个体准顾客以外的所有准顾客，包括工商企业、政府机关、事业单位及其他社会团体组织。

①基本概况。团体准顾客的基本概况包括机构名称、品牌商标、营业地点、所有制性质、注册资本、上级主管部门、职工人数等。

②生产经营情况。即产品品种、产量、生产能力、产品结构情况、产品加工工艺及配方、产品主要销售区域及市场占有率等。

③采购习惯。不同准顾客有各自不同的采购习惯，如采购对象的选择、购买途径、购买周期、购买批量、结算方式等都可能有差异。

④购买情况。接近顾客前要了解购买流程，搞清楚具体负责人。

（3）熟悉顾客。

熟悉顾客又称为老顾客、常客，是推销人员熟悉的、比较固定的买主。保持与老顾客的密切联系，是推销人员保证顾客队伍的稳定、获得良好推销业绩的重要条件。

对老顾客的接近准备工作与新顾客的接近准备工作有所不同，因为推销人员对老顾客已经有了一定程度的了解，主要包括对原有资料的补充、更新和调整，是对原有客户关系管理工作的延续。

二、接近顾客的方法

推销人员在正式接近顾客时，必须认真研究接近顾客的方法和技巧。最常见的接近方法有以下几种：

1. 介绍接近法

介绍接近法是指推销人员通过自我介绍或第三人介绍接近准顾客的方法。介绍有自我介绍和他人介绍两种形式。

2. 实物接近法

实物接近法又称产品接近法，是指推销人员直接利用推销产品实物或者模型接近顾客，以引导顾客对推销产品产生直观的认识、兴趣，转而进入洽谈的接近方法。

3. 利益接近法

利益接近法是指推销人员利用产品能为顾客带来的利益，满足顾客的需要，引起顾客的关注和兴趣，从而接近顾客的一种方法。

4. 好奇接近法

“好奇之心，人皆有之”，好奇接近法是推销人员利用顾客的好奇心引起顾客的注意和兴趣，从而接近顾客的方法。

5. 震惊接近法

所谓震惊接近法，是指推销人员设计一个令人吃惊或震撼人心的事物来引起顾客的注意，从而进入洽谈的接近方法。

6. 戏剧化接近法

戏剧化接近法又称为表演接近法，是指推销人员利用戏剧性情节和表演技法唤起顾客的注意和兴趣，从而接近顾客的一种方法。

7. 提问接近法

提问接近法也叫问题式接近法或讨论接近法，是指推销人员通过直接提问来引起顾客的注意、唤起顾客的兴趣，转而接近顾客的方法。

8. 求教接近法

求教接近法是指推销人员抛出一个问题，以虚心的态度向客户寻找问题答案的一种接近顾客的方法。多数客户都有“愿意为人师”的心态，推销人员如能上门求教，正好迎合了顾客的此种心态。

9. 馈赠接近法

馈赠接近法是指推销人员通过赠送礼品给顾客来接近顾客的一种方法。让顾客主动购买相对较难，但是让顾客免费接受礼品却非常容易。

10. 恭维接近法

恭维接近法又称赞美接近法，是指推销人员利用顾客的虚荣心多说赞美、恭维的话以博得顾客的好感，从而接近顾客的方法。赞美接近法的实质是推销人员利用人们希望赞美自己的心理来达到接近顾客的目的。

三、门店推销

门店推销指推销人员在特定的场所向前来寻购的顾客销售商品的活动过程，与前述的接近顾客不同，门店推销是顾客主动接近，推销人员要做到的是如何"招待"客户，使之顺利购买。

1. 门店推销的特点

（1）顾客主动性接近，门店推销人员一般是守店待客，静等顾客主动上门。

（2）顾客有一定的购买倾向，主动进入门店的顾客 70% 以上有一定的购买倾向。

（3）顾客购买具有不确定性，多数顾客购买商品时受推销人员的影响较大，会接受原本没打算买的产品。

2. 门店推销的基本方式

（1）柜台售货。

柜台售货是指将商品陈列于柜台内或货架上，柜台将营业员与顾客分隔开，当顾客选购商品时，必须通过营业员进行传递的售卖方式。顾客一旦提出了服务要求，就已表达了明确的购买信息，要求营业员准确地抓住顾客需求的实质，积极地推荐、引导，说服其购买。

（2）开架与自选售货。

开架与自选售货是指将商品陈列于货架和货柜上，顾客可自由、随意地挑选商品的售卖方式。在开架与自选售货方式下，营业员一般只需负责上货、整理、照看商品、解答顾客疑问。

（3）展销售货。

展销售货是指将产品集中展览、统一售卖的方式。展销售货往往使用专门的商品陈列用具，辅以一定的宣传手段，在特定时间、地点售卖商品。展销的商品要不停地演示其功能、特点，推销人员也要经过专门培训。

（4）拍卖售货。

拍卖售货一般是将若干件商品聚集在一起，一一进行拍卖售货。拍卖售货除了适用于较正规的大型拍卖店外，进行此项推销的时候，对拍卖师要求较高，主要是为了烘托人气，使消费者愿意参与叫价。

3. 门店推销的流程

（1）做好迎客准备。

门店推销看似简单其实也并非易事，让顾客高高兴兴地进来选购称心如意的商品是每个经营业主最高兴看到的事情，因此要充分做好迎客准备，即来有呼声走有送声。导购员、推销人员要对进入店内的每一名顾客露出真诚的笑脸“欢迎光临，新品上市，部分产品七折优惠”“产品换季大促销，全场五折销售，欢迎选购”。当顾客没有选购商品的时候，也要热情地送客“欢迎下次光临，路滑请慢走”。

（2）察言观色，识别购买信号。

进入门店的顾客购买需求也千差万别，因此推销人员要掌握察言观色的技能，及时找出真正购买者，而对暂时没有购买意愿的顾客也不要冷落，应使其随意浏览商品，只做一般提示即可，相反，对有真正购买意愿的顾客应耐心细致地为其挑选商品，提供便利，做到让顾客随便挑、随便选，千万不要恶语相加“你到底买不买啊，都看多少遍了，货都让你挑乱了”。门店推销成功的关键就是推销人员要及时地识别顾客的购买信号，如行进中的顾客脚步突然停下来，观看某一商品；还有和同伴有说有笑的顾客，突然停止了说话，这些信号都表示顾客发现了中意的商品，推销人员应做好准备服务的工作。察言观色的第二个要求就是通过顾客的衣着、打扮、举止、神态，大体判断顾客购买商品的档次、价格的高低，为其做推荐的时候，提供最接近其顾客需求的商品。如向衣着华丽的顾客推荐商品首选高中档的商品，而衣着质地相对一般的顾客则以中档为基础。

（3）主动热情，真诚服务。

当真正有购买意愿的顾客被推销人员识别后，推销人员要做好开口询问的工作，问话要简洁明了，让顾客觉得亲切自然，用一句话能问完就不要拆成多个问题，如洗衣机专柜“先生，您好，您要买台洗衣机吗？请问自用还是送人，家里大约有多少人？”而不是开口说“先生，你要买点什么？”“你做什么用？”“你家几口人？”因为零散的问句会让顾客感到像被审问一样，让人不舒服。

当顾客只是说随便看看的时候，推销人员也不要放弃主动介绍，应真诚热情地说这些都是卖得最好的几款型号，用鼓励的眼神示意顾客可以自由查看。

（4）展示商品，激发顾客购买欲望。

当推销人员已经问明顾客的真正需求后，就开始着手进行展示商品了，因为让商品“开口说话”的最好方式是让顾客亲切与之“交谈”，为了防止顾客眼花缭乱，推荐商品最好限定在2～3件。相对而言，两件最适宜，让顾客采用二择一的方式购买即可，如果介绍的商品种类繁多，顾客往往难以对比，最后可能无功而返。推销人员展示商品的目的不是只推荐商品，而是促成顾客交易，因此在展示商品的过程中，要及时传递展示品的重要信息，如节能、省电、保鲜等，让顾客在操作、触摸商品的过程中产生购买欲望。

(5) 积极引导，达成交易。

对于展示的商品，推销人员应给予必要的说明，如型号、款式、容积大小等信息，最好让顾客亲自试验，如在买搅拌机的时候，就可以让顾客亲自感受一下机器的强大功效，使之确认商品的实用性，增强购买的信心。顾客询问竞争者品牌时，只需强调本品牌的优点，而不要任意诋毁其他品牌的商品，可以一笔带过，如“每个品牌都有各自的优点，您看我们产品的最大优点是……”，而不要信口胡诌“您可千万别买××牌子的产品，故障很多，每天都有退货的”，因为如果顾客家里就有××牌子的商品，他会对你的话表示强烈的质疑，那么你原来所做的工作就没有任何意义了。

(6) 包装商品，礼貌送客。

营业员收取钱款或取货单后，应再仔细核对一下商品的信息，如检查货号、尺码、样式、有无破损、油污、跳线等，然后打包前再请顾客确认一下，“您好，请检查下您的商品，没什么疑问，我就为你打包了”，待顾客表示无异议时，为顾客包装好商品，应用双手将商品递交给顾客，并说“感谢您的购物，欢迎下次光临”。如果顾客购买的商品较多，应征询顾客分开包装还是合并包装，因为有的顾客购买后可能送人，应以方便顾客为原则。若有一些顾客经过试穿、试戴、试用最终并未购买时，同样也要对其面带微笑，欢迎其下次再来，切不可恶语相加。

4. 门店推销顾客分类

门店推销顾客按照购买目标清晰与否可分为三种类型：购买目标明确的顾客、购买目标模糊的顾客、没有购买目标的顾客。

(1) 购买目标明确的顾客。

这类顾客往往直截了当地奔向销售区域，找到心目中的商品后，或者要求营业员展示该产品，或者从柜台上取下商品仔细查看。除顾客主动提出外，推销员只需简要地回答其疑问即可，不需要过多地作全面的介绍。营业员可趁机“顺带”推荐配套相关产品。如买了鞋子，“顺带”推荐下鞋垫；买了衬衣，“顺带”配上领带等。

(2) 购买目标模糊的顾客。

这类顾客有购买需求，但究竟买哪一种，心里还不是很清楚，存在着购买的品牌模糊、款式不清晰、价格不确定等情形。他们进门店的目的在于寻找合适的商品。这类顾客进店后也会直奔相关的销售区域，对与自己心理需求相符的商品进行比较，但存在着一定的取舍障碍。接待此类顾客时，推销人员不要过早打扰，要在顾客做出比较后再帮其“参谋”，促使其做出购买决策。

(3) 没有购买目标的顾客。

没有购买目标的顾客，不代表没有购买欲望，他们随意浏览商品，一方面打发时间，了解一下市场流行趋势，看看有何新产品问世；另一方面也在捕捉“机会”，看能否买到“优惠”产品。这类顾客一般步履缓慢，眼睛四处打探，若他们突然盯住某商品，即意味着有购买的兴趣。出现该现象后，营业员再适时推荐，加以简要介绍，也许就有成交的可能。

5. 营业时间效率最优化

销售员当班的时间是固定的，商品交易的高峰时间也是短暂的。为了提高销售业绩，合格的营业员都要做到营业时间效率最优化。

(1) 提高推销技能，压缩每次交易的时间。

营业员要随时了解顾客的心理需求，通过观察、询问，明确顾客的购买需求，增强说服力度，压缩每次交易的时间，提高交易达成率。

(2) 提高接待多个顾客的能力，有效应对客流高峰。

营业员应提高接待多个顾客的能力，有效应对多个顾客，既能促进其购买商品，又能应付顾客的提问，不冷落任何一个顾客。

(3) 做好开张和收尾工作。

门店销售非常注重第一单和最后一单，图个吉利、好兆头，因此营业员要笑脸迎顾客，在报价时做灵活性“微调”，以实现开门盈利、关门前有收获，争取用心留住每一位顾客。

四、电话推销礼仪

推销人员足不出户，只要悠闲地坐着拨打电话，就可以快速地提高销售业绩。现代高科技的普及使每一个推销人员都可以使用电话设备。的确，电话你有我有他也有，但是为什么每个推销人员的业绩还是有很大区别，问题不在于设备，而在于技巧。

1. 接听电话的礼仪

当电话铃响后不要忙着接电话，要给拨打电话的对方一个缓冲，铃响两声后拿起电话，如果铃响超过三声，需向对方致歉“抱歉，让您久等了”，一定要给对方留下好印象。

2. 拨打电话礼仪

(1) 自我介绍。

拨打电话时应首先问候对方，再自报家门。若拨打陌生人电话时应说：“您好！我是××公司的张楠。”如果是熟悉的客户，应简单地说：“您好，×先生，我是张楠。”

(2) 简洁地说明打电话的目的。

自报家门后，应用非常简洁的语言说明你打电话的意图，不要漫无目的地寒暄。

(3) 控制通话时间。

通电话时间不宜过长，一般控制在5分钟内，若需要较长的时间才能说清楚打电话的目的，应先告诉对方你需要多少时间，并征询对方是否方便接听电话，如不方便，则改日另约。

（4）若是公事，最好拨打客户办公电话。

即使客户办公电话较忙，若无重要紧急事情，最好不要拨打客户手机，应过会再打。

（5）若找的人不在，应留言或致谢。

当电话接通后，发现并不是要找的人时，应礼貌地恳求转接："麻烦您，请帮我找一下××好吗？谢谢！""哦，他不在啊，那您能帮我带句话吗？谢谢！""他一小时以后回来吗？那好，我过一会儿再打，谢谢您了。"

3. 拨错电话

（1）自己拨错电话。

应主动致歉，说明缘由："抱歉，我看错号码了，打搅您了，再见！"

（2）对方拨错电话。

应报家门，顺带推销自己："抱歉，我这里是××公司，买××产品可以找我，再见。"

4. 结束通话

（1）挂机前要向客户告别。

（2）致谢。

对于陌生客户，感谢对方打电话咨询，欢迎下次再打来电话，或者感谢客户接受你的询问。

（3）寒暄。

对于熟悉的客户，要稍微寒暄"多保重身体""工作别太累了""祝您工作愉快""等您好消息"。

（4）挂机。

应等客户先挂机；若客户没有及时挂机，可默数三下，轻声地放好听筒。

五、电话"敲门"的技巧

所谓电话"敲门"，即打开顾客的心门，通过简短话语使顾客的心思停留在电话内容上，似乎有种力量让顾客不得不听进去。

1. 精心设计"三十秒"的开场白

顾客接到一个陌生的推销电话，本能地就会比较反感，如果推销人员不能在 30 秒内给顾客一个认同接电话的理由，很可能就会被拒之门外，因此作为电话推销人员，更需要这种瞬时间解决问题的能力。如果没有一个精彩的开场白，最后被挂断电话也就在情理之中了。以下是电话推销中最简单有效的 5 种开场白：

(1) 提供客户利益。

如果推销人员提供的产品可以满足他的某种需要或解决他在现实中遇到的难题，带给其一定的利益，让顾客认为物有所值，那么顾客很愿意接受电话推销。如“孙经理您好，我是中国移动的小范，我们推出的移动座机服务，可以让你们公司的电话费用减少40%，您愿意使用吗?”

(2) 勾起好奇心。

“好奇害死猫”，如果电话推销人员能巧妙地利用顾客的好奇心，顾客会很愿意和你聊下去。顾客总是拒绝或不太耐烦接电话的时候，可以用勾起好奇心的方式，牢牢抓住他/她。如“哦，那真不巧，原来还想给您一个免费出国旅游的机会呢，那王经理您先忙，我们以后再说吧，估计没机会了。”“等一下，什么免费出国?”

(3) 请教问题法。

电话推销也要投其所好，如果谈论些顾客感兴趣的话题或客户自豪的事情，顾客就会心情放松，可以将电话推销延续下去。如“您好，孙总，我是移动公司的范美丽，可以打扰您五分钟，向您请教一个问题吗？我听您的下属吴明说您是××方面的专家……”

(4) 借用熟人法。

对于熟人推荐的电话推销员，顾客一般都会给熟人面子而愿意接听电话。如“您好，王慧珠小姐，我是移动公司的范美丽，是您朋友李秀贤建议我给您打电话的，您现在说话方便吗?”

(5) 施压法。

电话推销人员对顾客施加压力的时候，反而会使顾客更愿意接受电话推销。如“您好，王经理，你们公司的产品有很严重的质量问题。”“马经理，我发现你们公司的网站一直打不开啊。”但是这种方法一定要情况属实，不可胡乱使用。

2. 找出决策人的策略

推销人员初次打电话给客户时，往往由于不知道具体决策人是谁，因此很容易被前台拦截，如“您好，东方公司，请问您找谁?”“我找你们采购部经理。”“您有什么事情，是否有预约，抱歉，我们谢绝一切推销，再见。”公司前台接待员的职责之一就是过滤推销电话，一般几句话就让推销人员露馅了，导致推销无效。

前台接待在判断是否需要转接常问的话语是“你是谁”“什么事情”“你找谁”，因此这就需要电话推销员采取策略，避免拦截，从而顺利地和决策人物电话沟通。

(1) 个人私事。当前台询问：“你找他何事?”推销人员可巧妙回答说：“不好意思，这是我们之间的私事，他不让我说。”或者“是他让我上午10点回电话给他的，我也在猜到底是什么事情呢？”这样的电话通常会被直接转到决策人那里。

（2）熟人或朋友。前台接待人误以为是决策者的熟人、好朋友或亲戚打来的电话，电话也会被快速转到决策人那里。如“您好，帮我找下赵瑞，我是他表弟。”“喂，我找下志强，家里有急事。”注意在每一次沟通中都表现出诚意与感谢，使前台接待更愿意主动地帮助你。

（3）直接打电话给高层领导。当推销人员收集到的资料不全的时候，无法判断具体的负责人，可以按客户资料把电话打到决策人的上一级领导如经理、总经理那里。相对而言，高层领导一般层次较高，态度比较和蔼，业务不熟，一般会告诉电话推销人员直接找××联系，再转到接线员那里，电话就会比较顺利地送达到决策人那里。如“哦，那你应该找市场部的方敏，我让前台接待帮你转过去。”

（4）和前台接待套近乎。可以以打错电话的方式和接线员多聊几句，增加对方的好感，顺便问一下你想知道的信息，她会在不知情的情况下透露给你。

※实训任务综合※

实训任务5.1　接近顾客心理准备训练

1. 每次你看到店内进来顾客时，你的心情是：A. 紧张　B. 恐惧 C. 兴奋 D. 不想说

2. 见到顾客的时候，你敢于开口说话吗？A. 敢　　B. 不敢　　C. 敢，但是声音很小

3. 与顾客开口说话后，是否有手心出汗的感觉：A. 有　B. 没有　C. 有，一点点

4. 摸下脉搏十秒钟跳动多少次：______　折算成每分钟多少次：______

5. 接近顾客心理准备工作：

（1）深吸一口气。　　　　（2）脸上面带微笑。

（3）开口说出欢迎词。　　（4）主动询问顾客打算购买什么商品。

（5）询问时，眼睛要看着顾客的三角区（两眼和鼻子围成的区域）。

（6）说话的声音洪亮清晰。

6. 对照镜子，重复训练，直到熟练为止。

吸气、面带微笑：“您好，欢迎光临，请问有什么可以帮助您 。”

“您好，欢迎光临××专柜，请随便看看。”

“您好，××服饰全场八折，欢迎选购。”

※任务验收※

项目	分值/分	自我考核（40%）	小组考核（60%）	实际得分/分
任务理解能力	20			
任务分析能力	20			
任务解决能力	30			
团队配合能力	30			
合计	100			
小组排名				

实训任务 5.2　顾客接近方法训练

1. 提问接近法 + 产品接近法。

【他山之石】询问后就进入产品推荐状态。

对照你负责的区域，写出当天你接近顾客的对话：

问：______

接近：______

______

______

______

______

______

______

______

2. 利益接近法 + 恭维接近法。

【他山之石】优惠 + 夸赞顾客。

对照你负责的区域写出当天你接近顾客的对话：

利益：______

夸赞：______

______

______

______

______

______

______

______

※任务验收※

项目	分值/分	自我考核（40%）	小组考核（60%）	实际得分/分
任务理解能力	20			
任务分析能力	20			
任务解决能力	30			
团队配合能力	30			
合计	100			
小组排名				

实训任务 5.3　门店接待顾客训练

1. 门店接待顾客的流程。

（1）望：____________________

（2）主动说：____________________

（3）展：____________________

（4）引：____________________

（5）包：____________________

（6）送：____________________

2. 认知你所在门店推销的基本方式。

A. 柜台售货　B. 自选售货　C. 展销售货　D. 拍卖售货

3. 接待购买目的明确的顾客。

【他山之石】推销人员不必多费口舌推荐其他商品，拿给他指定的商品并顺带推荐辅助商品。

（1）这类顾客的具体表现：____________________

____

____

____

（2）作为推销人员你主要做什么：____________________

____

____

____

（3）写出当天你接待该类顾客的对话内容：

____

____

____

____

____

____

____

（4）你有无顺带推销搭配物品：A. 有　B. 没有

（5）你的推销是否顺利成交：A. 是　B. 否

（6）推销总结：你认为接待此类顾客时，有哪些地方可以加以完善：______

____

____

____

4. 接待购买目标模糊的顾客。

【他山之石】推销关键：看其表情，善于提问，通过推荐商品，明确其需求。

（1）这类顾客的具体表现：______________________

____

____

____

（2）作为推销人员你主要做什么：______________________

____

____

____

（3）写出当天你接待该类顾客的对话内容：

____

____

____

____

____

____

____

（4）通过对话，你是否确定了顾客的需求：A. 确定　B. 不确定

（5）顾客需求的详细内容：______________________

____

（6）推销总结：你认为接待此类顾客时，有哪些地方可以加以完善：______

____

____

____

5. 接待没有购买目标的顾客。

【他山之石】推销的关键：一问二查三推荐。

（1）这类顾客的具体表现：________________

____

____

____

（2）作为推销人员你主要做什么：________________

____

____

____

（3）写出当天你接待该类顾客的对话内容：

____

____

____

____

____

____

____

（4）通过对话，你是否确定了顾客的需求：A. 确定　　B. 不确定

（5）顾客需求的详细内容：________________

____

（6）推销总结：你认为接待此类顾客时，有哪些地方可以加以完善：______

____

____

____

※任务验收※

项目	分值/分	自我考核（40%）	小组考核（60%）	实际得分/分
任务理解能力	20			
任务分析能力	20			
任务解决能力	30			
团队配合能力	30			
合计	100			
小组排名				

实训任务 5.4　电话礼仪训练

场景 1：假设你是 AB 公司的业务员郑佳静，今天打电话给好有趣公司的王明经理，商谈购买 V9 型号的打印机一事。

如果你是第一次接触他，应该怎么说：________________

____

____

____

如果你是第三次接触他，应该怎么说：________________

____

____

____

场景2：假设你是AB公司的业务员郑佳静，今天打电话给好有趣公司的王明经理，商谈购买V9型号的打印机一事，可惜你拨错电话了，你该怎么说：___

____

如果你刚要打电话，电话铃响了，请问你该在响铃几声后接电话：A. 一声 B. 二声 C. 三声 D. 四声。拿起电话后，你该怎么说：

____

假如他找的是刘先生，你发现他拨错电话了，你该怎么说：________

____

场景3：假设你是AB公司的业务员郑佳静，你听说红东方公司想采购一台V9型号的打印机，但是你却不知道他们采购部经理是谁，请问你有哪些方法找到对方的电话和姓名，简要写出你的“绝招”。

绝招一，向________打电话，该怎么说：________________

____

____

绝招二，向________打电话，该怎么说：________________

____

____

※任务验收※

项目	分值/分	自我考核（40%）	小组考核（60%）	实际得分/分
任务理解能力	20			
任务分析能力	20			
任务解决能力	30			
团队配合能力	30			
合计	100			
小组排名				

※娱乐与学习※

《电话情缘》教你如何娴熟运用电话推销的技巧

【剧情梗概】

【导演】詹姆斯·道森

【主演】施芮娅·萨兰、杰西·麦卡菲、阿努潘·凯尔等

美丽的印度姑娘普拉娅·塞西（施芮娅·萨兰饰）对美国文化的迷恋简直已经到了一种心醉的程度，总觉得自己生错了地方，错失了成为美国人的机会。如今普拉娅在印度班加罗尔市的一家信用卡电话中心做话务员，她总是用一口流利的英语告诉每一位打进电话的消费者，说自己的名字叫詹妮弗·大卫，是土生土长的旧金山人。

普拉娅的父亲雷蒙（阿努潘·凯尔饰）是一个非常保守的印度老头，他对于女儿如此急切地抛弃自己的文化和信仰感到愤怒，好在她即将接受家里的安排嫁给忠厚老实的维克拉姆（阿舍彻·卡普饰），这让雷蒙感到些许安心。

有时候爱情的到来，就是充满了解释不清的巧合，本就处在期待惊喜与浪漫际遇的年龄的普拉娅·塞西，碰巧在工作不久便与一位大洋彼岸的美国男青年格兰杰（杰西·麦卡菲饰）在电话线上"不期而遇"。

通过数次在电话里的短暂交流，虽然未曾见过面，普拉娅对格兰杰非常有好感，两人决定在美国洛杉矶见面。瞒着观念保守的父母和家人，独自来到美国大都市的普拉娅·塞西，很快便与这位美国小伙儿产生了火一般的情愫。两人都深信，这份电话情缘将引领他们在爱的海洋里越行越远。但是，普拉娅·塞西的家人组团从印度赶来，将一对已然进入热恋当中的爱情伴侣打入冷宫，并强行将女儿带回了遥远的东方国度。眼看着心爱的女孩儿含泪而去，经过一番思想斗争之后的美国小伙儿最终决定为了爱情放弃美国的一切，远走印度，找回自己的真爱，一圆自己的电话情缘之梦……

剧情简介资料来源：http：//baike. baidu. com/view/2320374. htm

【教师推荐】

这是一个描述电话推销的爱情故事，选用这部电影，最主要的目的就是告诉大家在拨打电话的时候应注意的礼仪问题以及交谈内容的注意事项。在欣赏精彩电影的同时，也向大家渗透了一些推销的理论。

"赞美的力量是无穷的"，看了此片，也许你就会领悟到作为一名推销人员，得体的赞美是多么的重要。

模块六

推销洽谈训练

实训目标

1. 熟悉推销洽谈的目标及内容
2. 了解推销洽谈的原则、步骤
3. 掌握推销洽谈的方法
4. 了解推销洽谈的技巧

任务要求

1. 掌握推销洽谈的目标与内容
2. 熟悉推销洽谈的原则及步骤
3. 掌握推销洽谈的方法
4. 使用推销洽谈的技巧正确接待顾客

技能（知识）点

1. 推销洽谈的目标
2. 推销洽谈的内容
3. 推销洽谈的原则
4. 推销洽谈的步骤
5. 推销洽谈的方法
6. 推销洽谈的策略
7. 推销洽谈的技巧

知识储备

一、推销洽谈的目标

现代推销洽谈的目标在于向顾客传递推销信息，诱发顾客的购买动机，激发顾客的购买欲望，说服顾客，达成交易。为了实现推销洽谈的目的，推销人员需要完成以下几个方面的任务：

1. 向顾客传递信息

推销员在推销洽谈中要将所掌握的产品品牌、功能、质量、价格等信息准确地传递给顾客，顾客才会有所比较，从而做出购买决策。

2. 解答顾客疑问

顾客对商品会提出一些问题或建议，比如说商品的材质、功能等，推销人员如能认真、耐心地准确回答，可以消除顾客的疑虑，激起顾客的购买意愿。

3. 主动满足顾客需求

顾客的购买行为是受购买动机支配的，而购买动机又源于顾客的需求。推销的实质是满足顾客的需求，要想满足顾客的需求，就先要发现人们的购买需求和动机。

4. 促使顾客做出购买决定

顾客接受了推销人员对产品的介绍，认同了推销人员的看法，并不表示愿意做出购买决定，这就要推销人员准确地把握顾客购买决策前的心理冲突，利用各种方法或手段刺激顾客的购买欲望，引导顾客做出购买决定，做出购买行为。

二、推销洽谈的内容

在洽谈方案中，必须事先确定洽谈可能涉及的内容。洽谈的内容也应围绕顾客所关心的问题来确定。一般包括以下几个方面：

1. 商品品质

商品品质是商品内在质量和外观形态的综合，具体来说，商品品质是商品的化学成分、物理性质、机械性能、结构、造型、色泽及味觉等技术指标的总称。

2. 商品数量

商品的数量是指按照一定的“尺度”来统计商品的个数、长度、面积、容积等。

3. 商品价格

商品价格是推销洽谈的最关键因素，价格的高低是洽谈中极为敏感的问题，它直接影响交易双方的经济利益，所以价格是推销洽谈中最重要的内容。

4. 货款结算

在商品交易中，货款的支付也是一个关系到双方利益的重要内容，包括双方是一次性支付还是分次支付，是发货前支付还是货到付款。在推销洽谈中，双方应明确货款结算方式及结算使用的货币、结算时间、结算地点等具体事项。

5. 销售服务

销售服务是推销洽谈中不可缺少的一个环节，推销人员应综合考虑本公司的生产运营能力、供应能力等因素，将承诺的服务范围准确地传递给顾客。

6. 保证条款

保证条款是指在交易过程中，买卖双方对买进、售出的商品要承担某种义务和责任，以担保手段的方式保证双方的利益。

三、推销洽谈的原则

1. 针对性原则

所谓针对性原则，是指推销洽谈应该服从推销目的，必须有明确的指向性。一般包括以下几个方面：针对顾客的需求动机、针对顾客的心理特征、针对顾客的敏感程度。

2. 鼓动性原则

所谓鼓动性原则，是指推销人员在推销洽谈中用自己的信心、热情、积极的态度、丰富的知识有效地激励、感染顾客，通过说服和鼓动让顾客采取购买行动。

3. 诚实性原则

所谓诚实性原则，是指推销人员在推销洽谈过程中要真心诚意，不弄虚作假，信守承诺，对顾客负责，这是推销员的基本行为原则。推销人员在推销洽谈中要做到如实地传递信息，不空许诺言，出示准确可靠的证明等。

4. 倾听性原则

所谓倾听性原则，是指推销人员在推销洽谈过程中，不要只向顾客传递推销品的信息，还要注意倾听顾客的意见与要求。

5. 参与性原则

所谓参与性原则，是指推销人员在推销洽谈过程中，要积极地设法让顾客主动参与推销洽谈，促进推销信息双向沟通。

6. 灵活性原则

所谓灵活性原则，是指推销人员应根据不同情况作出不同的分析，随机应变，见机行事。推销洽谈不是一个固定的过程，推销的对象不同，推销的形式也会不同。

四、推销洽谈的步骤

推销洽谈虽然灵活多变，没有固定的形式，但还是有阶段可划分的，推销洽谈按时间先后顺序大致可分为筹备阶段、摸底阶段、报价阶段、磋商阶段和成交阶段。每个阶段都有不同的基本要求和工作重点。为此，我们一定要掌握好洽谈的步骤，循序渐进，逐步实现推销洽谈的目标。

“良好的开始是成功的一半”，推销人员在洽谈前必须进行充分的准备工作，才有可能有效地开展推销计划，实现推销的预期目的。

1. 制订洽谈计划

（1）洽谈的预期评价。

“不打无准备的仗”，推销人员要对推销洽谈结果做一个预期评价，最差的结果是什么，最好的结果是什么，下一步又该采取什么策略。

（2）确定推销洽谈的时间、地点。

洽谈地点、时间的选取要尽量方便顾客，与顾客提出洽谈前，应大致告诉洽谈需要的时间，好让客人尽量选择比较方便的时间。

（3）进一步核实顾客的基本情况。

顾客的资料必需真实而准确，不要张冠李戴，更不要叫错顾客的名字，如果是间接资料，要进一步核实。

（4）提供产品样品和服务的有关信息。

为了方便顾客选择，应详细标注产品的性质、性能、价格等要素，对于同类竞争者的产品，最好也要列明，这样顾客就能更直观清楚地了解你提供的产品的优势。

（5）选择推销洽谈的策略和方法。

根据前期掌握的顾客的兴趣、爱好等个人情况，找准适合与洽谈对象沟通的策略，这样既可以拉近双方的距离，投其所好，又利于洽谈结果的最终实现。

（6）做好洽谈的心理准备。

①自信、执着。顾客喜欢对人生充满自信的推销者，他们目光坚定、谈吐自如，顾客的情绪也会受到感染。

②态度诚恳。推销员要真诚坦率，能真诚地帮助顾客解决问题，提供给其需要的实实在在的商品。

③百折不挠。推销要保持平常心，不怕拒绝，越战越勇，遇到失败，也不动摇。

2. 推销洽谈的工具准备

（1）准备阶段。

“智者当借力而行”，推销人员在推销过程中需要充分利用推销品（模型）、产品说明资料、证明资料等各种推销工具。

（2）摸底阶段。

推销洽谈的摸底阶段是谈判双方试探性地提出问题，试图了解对方，关注对方的价格底线或成交的要求。

（3）报价阶段。

报价阶段是推销洽谈非常重要的阶段，而推销洽谈的关键就是报价。报价直接涉及谈判双方的基本利益，是洽谈的核心和关键。

（4）磋商阶段。

推销洽谈的磋商阶段也称“讨价还价”阶段，是指洽谈双方为了各自的利益，对报价进行“退”与“进”的周旋过程，双方都在努力寻求利益的共同点，并对各种具体交易条件进行磋商和探讨，以逐步减少彼此分歧的过程。

（5）促成阶段。

推销洽谈的促成阶段是推销洽谈的最后阶段，也是收获最终战果的阶段。当双方进行实质性的磋商后，经过彼此的“退”“让”“取”“舍”，意见已经大体统一，谈判趋势逐渐明朗，最终双方就有关的交易条款达成共识，于是推销洽谈便进入了促成阶段。

五、推销洽谈的方法

推销洽谈是一项高雅的艺术工作，掌握合适的推销洽谈方法决定推销的成功。推销洽谈的方法很多，大致可归结为两类：提示洽谈法和演示洽谈法。

1. 提示洽谈法

所谓提示洽谈法，是指推销人员在推销洽谈中利用语言的形式启发、诱导顾客产生购买意愿从而达到购买目的的方法。按照提示的方式不同，还可以细分为以下几种方法：

（1）直接提示法。

直接提示法，是指推销人员接近顾客后直接向顾客呈现推销品，陈述推销品的优点和特点，建议顾客购买推销品的洽谈方法。

（2）间接提示法。

间接提示法，是指推销人员间接地夸赞商品好，建议顾客购买推销品的洽谈方法。这种方法可以有效地缓解面谈压力，避重就轻，制造有利的面谈气氛。

（3）明星提示法。

明星提示法，又称名人提示法或威望提示法，是指推销人员利用顾客对名人的崇拜心理，借助名人的“明星效应”“晕轮效应”来说服顾客购买推销品的洽谈方法。明星提示法迎合了人们“追星”“仿效明星”的情感购买动机，诱发其产生购买意愿，促使其实现购买行为。

（4）自我提示法。

自我提示法又称暗示法，是指推销人员利用各种提示激起顾客的兴趣，引起顾客的自我提示，从而让顾客做出购买决定的洽谈方法。推销人员不直接向顾客展示该商品的主要优点，而是采用暗示的方式使顾客认识到购买商品的必要性，转而接受推销人员的推销。

（5）鼓动提示法。

鼓动提示法，是指推销人员通过传递推销信心、启发建议顾客、激起顾客购买欲望的方式使顾客立即采取购买行动的洽谈方法。鼓动提示法的优点是可以传递推销信息，刺激顾客的购买意愿，引起顾客的行为反应，利于快速成交。

（6）积极提示法。

积极提示法，是推销人员用积极的语言或其他积极方式劝说顾客购买所推销产品的方法。积极提示法使用正面的提示、热情的语言、赞美的话语，往往会产生正效应。积极提示法直接提示推销品的利益和优点，运用自如，就能产生良好的说服力。

（7）消极提示法。

消极提示法与积极提示法正好相反，是指推销员使用消极、反面、否定的语言来劝说顾客购买推销品的洽谈方法。消极提示法也可以引起顾客产生积极的心理效应，实现交易。在推销洽谈中，有时使用消极的提示会起到积极提示法达不到的效果，因为有的消极提示会引起顾客注意，暗示顾客产生需求，从而购买。

2. 演示洽谈法

演示洽谈法又称直观示范法，是推销人员运用非语言的形式，通过实际操作推销品或辅助工具，让顾客通过视觉、听觉、味觉、嗅觉和触觉等感官器官直接感受推销品信息，刺激其产生购买意愿，最终实现购买推销品的洽谈方法。

（1）产品演示法。

产品演示法，是指推销人员通过直接演示推销品本身来劝说顾客购买推销品的洽谈方法。推销员通过对产品的现场展示、操作表演等方式，让顾客直观地了解产品的性能、特色、优点。

（2）文字演示法。

文字演示法，是指推销人员通过展示与推销品有关的文字资料来建议顾客购买的洽谈方法。文字是传递推销信息的重要媒介，也是较好的刺激物。在不能或不便直接用语言或用语言难以解释说明产品的情况下，推销人员通过向顾客展示推销品的文字资料，能便于顾客理解相关细节，更进一步认同产品。

六、推销洽谈的策略

1. 最后通牒策略

最后通牒策略是指推销人员通过向顾客提出最低的成交条件、最后的期限等形式发出最后的通牒，促使对方就关键性、实质性的问题迅速作出决定的策略。在推销洽谈过程中，富有经验的推销人员常常领悟到，对于一些棘手的难以达成一致意见的问题，利用最后的交易日期、最低的成交价格、最后的数量等条件，可以迫使对方达成协议。

2. 自我发难策略

自我发难策略是指在推销洽谈中针对对方可能会提出的问题，先自行提出，再加以解释并阐明理由的洽谈策略。这种策略必须建立在深入调查、知己知彼的基础上，问题必须选得突出、恰当，理由论据充分，更令对方信服。

3. 折中调和策略

折中调和策略是指在推销洽谈处于僵持局面时，由一方提出折中调和方案，前提是对方也应作出一些让步来共同达成协议的策略。使用好折中调和策略，在某些关键、原则问题上坚持自己的立场，是可以迫使对方妥协并实现交易的。

4. 留有余地策略

留有余地策略又称“留一手”策略，是指在推销洽谈过程中与对方协商时要留有余地，不要全盘端出，以备讨价还价之用。留有余地策略的好处在于谈判中对方停止进攻，己方也能获得较大利益，若对方继续纠缠，则可以有继续回旋的余地。

5. 步步为营策略

步步为营策略是指在洽谈中，不是一次就提出总目标，而是先从某一局部目标入手，争取得到对方的认同，然后再谈另一个局部目标，以此类推，步步为营，直至完成整个目标的洽谈策略。这种洽谈方法有利于取得阶段性的胜利，可以一步一步掌握洽谈的主动权。

6. 参与说服策略

参与说服策略就是推销人员让顾客在不知不觉中和自己一道参与说服顾客的策略。聪明的推销人员鼓励顾客先开口说出他们的意见，推销人员再结合实际情况作出适当的修改和补充，并根据客户的意见提供满足其需要的产品，从而实现成交。

七、推销洽谈的技巧

1. 洽谈中的倾听技巧

所谓倾听技巧，就是在推销洽谈的过程中，推销人员不要一味地旁若无人地向顾客介绍产品，游说顾客购买，要养成善于倾听的好习惯。顾客是商品的使用者，如果我们不听从顾客的意见或建议，我们怎么能发现他们的需求？不能提供满足其需要的商品，顾客怎么会成为真正的买主呢？在推销谈判中，倾听能了解顾客的真实想法，捕捉到顾客的需求，判断顾客的意图，避免推销中的失误和差错，并且推销人员在倾听的过程中容易赢得顾客的好感，拉近与顾客的距离。推销人员在倾听顾客谈话时应注意以下一些细节：

（1）倾听时要用眼神与顾客交流。

眼睛是心灵的窗口，当我们主动倾听顾客想法的时候，眼神一定要适时地和顾客交流，通常对年长者，我们的眼睛要停留在其额头处；对同辈顾客，我们的眼睛要停留在其鼻子三角区域；对年幼的顾客，我们的眼睛可停留在其嘴巴的位置，切不可长时间盯着对方的眼睛看，这会引起顾客的尴尬。

（2）不打断顾客。

作为推销人员，要养成善于倾听的好习惯，在倾听的过程中，即使顾客对产品存在误解，说了一些不符合实际的事情，或者冒犯推销人员的话，推销人员都要笑而不答，切不可中途打断顾客或给予驳斥。有的顾客纯粹就是发牢骚，当心中的牢骚说完了，心情好了，他们反而又来购买商品了。

（3）顾客表达不清，应小心提示。

顾客发表意见的时候，要善于分析，寻找解决原因，如顾客言语比较模糊、意思不明的时候，应耐心询问“非常抱歉，刚才您的话，我没反应过来，能再和我详细说一下吗?”态度要诚恳，绝对不可指责对方“你说的什么啊，都说不清楚”。

（4）倾听要配合。

顾客发表自己的意见或表达自己的想法时，推销人员要做出积极的回应，“嗯，您说得对，我也是这样认为的。”“哦 ，真的啊。”“可不是吗?”以引导顾客把话说完。

2. 洽谈中的语言技巧

在推销洽谈的过程中，推销人员主要用语言和顾客进行沟通、协商、谈价、议价，最终达成协议，在这一过程中，语言技能高低就显得非常重要。为此，推销人员应当熟练掌握一定的语言沟通技巧，以确保推销洽谈的顺利进行。

（1）陈述的技巧。

在洽谈中，陈述自己的观念，向对方表明自己的立场。陈述技巧有两种：一种是先发制人，即推销人员先陈述自己的意见，再留意观察对方态度，思考解决的对策；另一种是后发制人，即先请对方表达，倾听对方意图后，再报出自己的意见。无论是哪种方式，阐述时应力求做到言语准确、翔实，不可用似乎、好像、大概等含混词语。如涉及商业机密问题，即便对方盘问，也要委婉拒绝。如“你的裤子从哪进货?”“你进货成本多少?”这时，推销人员可以说：“抱歉，不能告诉你”。

（2）发问的技巧。

推销人员在洽谈中，发问是为了更好地了解对方的需求，引起对方注意，发问要善于使用一定的方式或技巧。

（3）回答的技巧。

在推销洽谈中，对于顾客的提问，推销人员首先要坚持诚信的原则，给予客观公正的回答，赢取顾客的信任和好感。诚信地回答顾客的问题，并不是意味着有问必达，对涉及商业机密的问题，应巧妙回避。

（4）处理僵局的技巧。

在推销洽谈中，推销人员与顾客双方的利益会有冲突，有时候双方都不愿意退步，容易进入僵局状态，这就需要推销人员正确处理。

①规避僵局。推销人员是卖家，他比顾客更清楚商品的成本，因此推销人员可以在洽谈中占据主动权。为了规避僵局的出现，可在不违背原则的范围内，适当做些妥协和让步。

②绕过僵局。在洽谈中，若僵局已形成，一时无法解决，可采用搁置、冷却、同理心、引进外援等方法绕过僵局。

③打破僵局。僵局形成之后，绕过僵局只是缓兵之计，最终要想办法打破僵

局。打破僵局的方法有扩展洽谈内容范围、更换洽谈人员、小幅降价等方法。

※实训任务综合※

实训任务 6.1 认知推销洽谈目标

1.“量体裁衣”——区分不同的顾客。

（1）当穿着时尚的年轻顾客向你询问有关商品时，你应向顾客重点传递哪些信息：____

____

____

主动满足此类顾客需求，应注意哪些细节：____________________

____

____

（2）当穿着朴素的中老年顾客向你询问有关商品时，你应向顾客重点传递哪些信息：____

____

____

主动满足此类顾客需求，应注意哪些细节：____________________

____

____

2. 请把你当天接待顾客的洽谈情境描绘出来（ABCD 任选其一）：

A. 顾客属于高收入　B. 顾客属于低收入　C. 顾客对商品不熟悉　D. 顾客对商品熟悉

____

____

____

____

____

※任务验收※

项目	分值/分	自我考核（40%）	小组考核（60%）	实际得分/分
任务理解能力	20			
任务分析能力	20			
任务解决能力	30			
团队配合能力	30			
合计	100			
小组排名				

实训任务6.2　推销洽谈原则认知训练

1. 当前来的顾客始终不愿意回答你任何问题时，你该如何处理：________

____

2. 你向顾客推荐商品时，顾客并不领情，眼睛东看看、西看看，你觉得可能出现了什么问题：________

____

____

你该如何扭转局面：________

____

____

3. 当顾客只是被动地听你介绍，却不插言时，你该如何正确操作：________

____

____

4. 与顾客洽谈时，发觉顾客了解的比你还多，滔滔不绝时，你该如何处理：

____

____

____

5. 当你推荐某商品而顾客反驳你的时候，你该如何处理：________

____

____

※任务验收※

项目	分值/分	自我考核（40%）	小组考核（60%）	实际得分/分
任务理解能力	20			
任务分析能力	20			
任务解决能力	30			
团队配合能力	30			
合计	100			
小组排名				

实训任务6.3　推销洽谈方法应用训练

1. 直接提示法和间接提示法运用训练。根据你所负责的商品，如何采用直接提示法向顾客介绍商品（自己说好）：________

____

根据你所负责的商品，如何采用间接提示法向顾客介绍商品（别人说好）：

____

____

自我总结推销商品的时候，遇见哪类顾客适用于直接提示法：____________

____

哪类顾客适用于间接提示法：______________________

____

2. 明星提示法和自我提示法训练。你所负责的商品有产品形象代言人吗？A. 有 B. 没有

如果有，他（她）的名字：　　　　　列举他（她）的典型事迹（25 个字内）

____

____

你与顾客洽谈的时候，如何正确使用明星提示法，请描述你的语言：______

____

自我提示法，适合什么情况使用，你在使用时该怎么讲述：________

____

你觉得这两种提示法有何连带关系：____________________

怎样将二者联合搭配起来使用：______________________

____

3. 积极提示法和消极提示法的训练。根据你负责的商品，如何进行积极提示法提示（夸商品好）：______________________

____

____

什么情况下，该使用消极提示法（人皮肤、衣着等不好）：________

____

一个对顾客说“好”话夸赞顾客，另一个对顾客说“打击”的话，善意地提出顾客的“毛病”，你认为哪个提示法是多说好话？__________

哪个提示法是多说打击的话？______________________

4. 推销洽谈综合方法运用，请简要描绘你接待顾客时你们之间的对话：____

____

____

____

____

____

再查看下你使用了几种推销洽谈方法？____________________

____

总结你与顾客之间的对话，是否达到了原来设想中的效果：A. 达到 B. 部分达到 C. 没达到

你认为哪些话语有可改善之处：______________________

____

※任务验收※

项目	分值/分	自我考核（40%）	小组考核（60%）	实际得分/分
任务理解能力	20			
任务分析能力	20			
任务解决能力	30			
团队配合能力	30			
合计	100			
小组排名				

实训任务 6.4　推销洽谈策略训练

1. 描述推销洽谈的流程及工作要点：

第一步：______________________________________

第二步：______________________________________

第三步：______________________________________

第四步：______________________________________

第五步：______________________________________

2. 当顾客想买却又没立即行动，表现很犹豫时，你该使用什么策略：____________________该说什么样的话说服其购买：______________________________

____

3. 当你的存货剩得不多了，或者刚好顾客看中的货品是样品的时候，你该使用什么策略：

____

该说什么样的话说服其购买：______________________________

____

4. 对于和你议价的顾客，在店里明确规定的前提下，你该使用什么策略：

____

该说什么样的话说服其购买：______________________________

____

5. 若店里明确规定不议价不打折，而顾客却以商品瑕疵为由和你“砍价”时，你的洽谈重心应放在：______________________________

你要说哪些话来说服顾客购买：______________________________

____

____

6. 顾客明确提出商品价格高却还是不肯打算购买其他类似商品，你觉得该如何处理？

应具体使用什么策略：________________

你应该说哪些话来说服顾客做出购买行动：________________

____

____

7. 如何把顾客拒绝当成他购买的理由：________________

________________该说什么样的话说服其购买？________________

____

____

※任务验收※

项目	分值/分	自我考核（40%）	小组考核（60%）	实际得分/分
任务理解能力	20			
任务分析能力	20			
任务解决能力	30			
团队配合能力	30			
合计	100			
小组排名				

实训任务 6.5　推销洽谈技巧训练

场景 1：你是一名店长，看到顾客和售货员因价格而争执，场面很尴尬，请问你该如何处理？

____

____

____

____

____

____

场景 2：顾客相中一件衣服后，一定希望按照广告上说的打九折，可是这是新品不享受广告价，顾客一再和你讨价还价，你该如何巧妙规避僵局？

____

____

____

____

____

场景 3：一顾客对你的商品质量提出质疑，说你卖的皮鞋不是纯牛皮，可你能确保你卖的是纯牛皮，你该如何绕过僵局？

____

※任务验收※

项目	分值/分	自我考核（40%）	小组考核（60%）	实际得分/分
任务理解能力	20			
任务分析能力	20			
任务解决能力	30			
团队配合能力	30			
合计	100			
小组排名				

※娱乐与学习※

《王牌售车员》教你学会如何与客户接近和洽谈

【剧情梗概】

【导演】尼尔·布莱南（Neal Brennan）

【编剧】Andy Stock / Rick Stempson

【主演】杰里米·皮文 Jeremy Piven—Don Ready

文·瑞姆斯 Ving Rhames—Jibby Newsome

詹姆斯·布洛林 James Brolin—Ben Selleck

大卫·科恩查内 David Koechner—Brent Gage

糟糕的世界经济俨然已经将工业国度最有代表性的汽车行业带入了谷底，尤其是汽车销售行业，更加难以维持日常生存。因此，高水平的销售人才成了各大汽车商行的抢手货。

唐·瑞迪（杰里米·皮文饰）和他的三位伙伴便堪称是此类“大忽悠”销售高手。甚至在唐·瑞迪的能言善辩以及几个好友的煽风点火下，竟然在乘机时说服了空姐以及所有机组人员，彻底改变了机舱里禁止吸烟的规定，并引来叫好声连连。

很快，四个人的“忽悠”才能便得到了城里大车行老板的赏识，聘请他们前去为萎靡不振的汽车销售注入活力。于是，四个人如同邪教徒传道一般给车行里的所有人上了一课，并很快开始了汽车销售的促销活动，引来无数消费者光顾。在用尽恶搞之能事以及几乎歇斯底里般搞怪的销售策略下，车行的生意竟开始蒸蒸日上起来。销售人员们也在嬉笑怒骂中感受到生活的乐趣，然而，忽悠天才唐·瑞迪却渐渐发现生活中原来还有更多更美好的东西，需要他去发现……

资料来源：百度百科，http：//baike. baidu. com/view/2540548. htm

【教师推荐】

这是一部关于销售汽车的推销员的故事，大家会发现销售团队四人各有各的高招，为什么濒临破产的汽车商行能在团队精英的带领下，仅用三天时间就将汽车销售一空？他们靠的是什么？人无完人，他们的销售行为或做事方法也有值得商榷的地方，甚至还有一些骗人的伎俩，选用此片就是让大家在欣赏他们的推销技巧时，也能正确评价他们的所作所为，择其善而从之，择其不善而改之。

模块七

顾客异议处理训练

实训目标

1. 灵活处理各种顾客异议
2. 保持处理顾客异议时的正常心态
3. 掌握处理顾客异议的技巧

任务要求

1. 识别顾客异议的类型
2. 掌握顾客异议处理的策略
3. 熟练运用处理顾客异议的技巧

技能（知识）点

1. 顾客异议的内涵、类型及成因
2. 顾客异议的处理原则及策略
3. 顾客异议的处理方法

知识储备

一、顾客异议的内涵

在推销过程中，顾客对推销人员所传递的信息表示怀疑、漠视、不认可的行为、态度的总称即为顾客异议。从销售成交的过程来看，顾客提出异议是很正常的事情，它既是成交的障碍，也是成交的前奏。

1. 顾客异议的概念

顾客异议又称推销障碍，是指准顾客在与推销员接触过程中对介绍内容听不明白或对具体内容、条款不认同甚至反对而表现出来的语言、态度和行为的总称。顾客异议就是顾客为获取更有利的成交条件所采取的一种策略。

2. 正确看待顾客异议

（1）客户提出异议使推销员能获得更多的信息。

在某种意义上讲，顾客的异议恰恰使推销员清楚地认识到自己的产品在顾客心中的定位。

（2）通过异议能判断客户是否有消费需要。

“挑剔的顾客才是真正的买主”，顾客之所以愿意对商品品头论足，是因为他对商品感兴趣。

（3）通过客户的异议使推销员能够提高、完善销售技巧。

推销员的销售技巧不成熟，才导致了很多顾客对其介绍、推荐的商品产生异议，推销员在经过多次磨炼后，才能成为优秀的推销员。

（4）异议就是“推销是从客户拒绝中开始”的最好的例证。

顾客拒绝并不说明顾客不想买商品，只要推销员仔细查找顾客拒绝的原因，及时化解顾客异议，顾客就自然会掏钱购买商品。

3. 合理对待顾客异议

（1）欢迎、鼓励顾客提出异议。

推销员应欢迎、鼓励顾客说出自己的想法，通过顾客的异议，推销员可及时查找顾客的需求愿望，从而更好地为顾客服务。

（2）宽容地对待顾客，倾听顾客的异议。

推销员应该本着“顾客是上帝”的宗旨宽容地面对每一个顾客，将顾客的异议写在本子上，并复述顾客的异议，体现尊重顾客的态度，推销员态度越是诚恳，就越能消除顾客异议。

（3）顾客异议需及时答复。

顾客提出的对商品的某些顾虑，推销员应及时给予解答，消除顾客购买顾虑就可以实现成交。

二、顾客异议的类型

（一）从顾客异议性质区分

1. 真实异议

真实异议也称为有效异议，是指顾客从自身的利益出发对推销品或成交条件提出质疑和探讨，从而提出拒绝购买。

2. 虚假异议

虚假异议属于无效异议，是指顾客为了拒绝推销员纠缠而故意编造的各种借口或反对意见，用于敷衍推销员的一种行为反应。

3. 破坏性异议

破坏性异议也属于无效异议，是指顾客不听从推销员的解释和建议，单从自己主观意愿出发，提出缺乏事实理论依据或者不合情理的意见、说法。

（二）根据异议来源区分

1. 价格异议

价格异议是指顾客认为商品的价格过高或过低而产生的异议，价格异议也是最常见的异议。

2. 需求异议

需求异议是顾客提出自己不需要所推销的商品而形成的一种反对意见。需求异议是对推销品的一种全面否定，根本就不给推销员说服他们的机会。

3. 产品异议

这是顾客认为推销品不符合自己的要求，如从商品的使用价值、质量、款式、功效、规格、品牌、包装等方面提出了反对意见。产品异议表明顾客清楚自己的需要，却担心推销品难以满足自己的需要。

4. 货源异议

货源异议是顾客在选择商品时对商品的原产地、生产厂家、品牌型号等提出的异议。货源异议的产生主要是顾客对推销品本人及生产的厂家不熟悉，因此提出了购买的反对意见。

5. 服务异议

服务异议是顾客在购买推销品时对所获得的服务表示不高兴、不认可而提出的反对意见。该异议是推销交易所附带承诺的售前、售中、售后服务的异议，如对服务方式、服务延续时间、服务内容、服务价格、服务地点、服务实现的保证措施等多方面的意见。

6. 购买时间异议

购买时间异议是顾客觉得购买推销品的最好时机尚缺乏足够条件，为延缓购买行为所提出的反对意见。

7. 决策权异议

购买决策权异议是指在推销洽谈中，顾客会以没有拍板权为由而提出拒绝购买。

三、顾客异议的成因

顾客总是处在有限的购买支付能力和无限的消费需求的矛盾中，所以说顾客是必然的推销异议的构造者。

（一）顾客方面的原因

1. 顾客的防范意识

顾客面对陌生的推销者保持非常谨慎的态度，不相信或不完全相信对方，采取保护自身利益不受损的策略。

2. 顾客未意识到自己的需要

顾客思维意识固化，没有意识到自身对商品的需要，缺乏对新产品、新服务的认识。

3. 顾客对产品知识缺乏了解

顾客传统观念作怪，对新事物感到陌生，从而在心理上对之表示拒绝。

4. 顾客心情欠佳

顾客心理状态欠佳，将所有的负面情绪迁怒于商品及推销人员。

5. 顾客缺乏决策权

顾客未能掌握购买决策权，因此看好商品没法购买，为避免脸面受损而敷衍推销人员。

6. 顾客购买力不足

顾客没带足现金，或者购买后会导致生活质量下降，因此选择逃避。

7. 顾客的偏见或成见

顾客对商品或推销人员印象不佳，存在着一定的误会，因此拒绝购买。

8. 顾客有相对稳定的购物渠道

现有购买行为和原有购买方式有冲突，因此顾客在买与不买之间存在着犹豫，即担心损害某种利益。

（二）推销品方面的原因

推销品是推销活动的客体，即主体共同指向的对象，顾客选购商品因人而异，因此推销品方面出现异议的原因也五花八门：

1. 推销品的质量

推销品的质量包括性能（适用性、有效性、稳定性、便捷性等）、颜色、款式、规格、外观包装等。

2. 推销品的价格

价格异议在推销异议中所占比例最高，一般属于顾客的直觉感受。顾客主观上认为推销品的价格高于价值，觉得商品贵。

3. 推销品的品牌

通常来说，顾客出于生活习惯不同或品牌忠诚度的因素，会选择相对固定品牌的商品，对其他的新品牌大多持观望或怀疑态度。

4. 推销品的包装

推销品的包装和顾客购买的用途息息相关，购买目的不同，顾客对包装的要求也不同。

5. 推销品的销售服务

服务异议是指顾客对推销员或商品的企业提供的销售服务感觉不满意而提出拒绝。

（三）推销员方面的原因

顾客的推销员方面的异议顾名思义就是由于推销员素质低下、推销技能不高导致的顾客拒绝购买的异议。

（四）生产企业方面的原因

在推销洽谈中，顾客的异议有时还会来源于企业。如企业经营管理水平低下，产品质量不好，不守信用，产品认证资质不全，不履行对社会的义务，环境污染严重等，这些都会影响顾客的购买行为。

四、顾客异议的处理原则

顾客异议是顾客购买商品、实现交易的拦路虎，推销员只有正确面对异议，用耐心、恒心、细心去分析、辨别、解决异议，才能促成交易。

顾客异议处理的原则如下：

1. 客观公正对待

当顾客异议发生时，推销员应认真倾听并从顾客的角度考虑顾客异议产生的原因。

2. 尊重顾客

推销员要宽容大度地对待反对意见，推销员要对顾客保持足够的尊重。

3. 及时答复

推销员要及时给予顾客答复，从而使其能快速地做出购买决定，实现成交。

4. 顾客受益

推销员要本着关心顾客利益的原则，真正站到顾客的角度思考问题，理解顾客的疑虑，为顾客出谋划策，以满足顾客的需求和利益为出发点。

5. 维护顾客颜面

宽容地对待顾客，不损伤顾客的自尊心，把顾客当成真正的朋友。

五、处理顾客异议的策略

在推销洽谈过程中，顾客异议是可以减少而不能绝对避免的。只有熟练地处理各类顾客异议，才能有效地完成推销任务。处理顾客异议的基本策略很多，主要有以下几种：

（一）巧妙处理价格异议

1. 强调优质优价

推销人员应从产品的成本，慢慢导出产品的价格，强调“物以稀为贵”的道理。

2. 认同价值，再谈价格

推销人员引导顾客对商品的关注，让顾客关注商品的使用性，然后再报出价格，顾客的脑海中就会建立价格和价值的等式。

3. 强调单次使用成本

化整为零，推销人员将整体价格分解为每天、每小时，让顾客感觉到推销品的使用价值。

4. 妥协策略

推销人员可以根据推销品的价格波动范围有条理地做出不违背原则的妥协，给顾客些价格折扣，从而使顾客快速地实现成交。

（二）恰当处理货源异议

货源异议大部分是由于顾客的购买经验与购买习惯不同而造成的，推销员在处理此类异议时可采用以下策略：

1. 坚定不移，寻找切入点

推销员从多角度、多层面接触顾客，以共同的兴趣、爱好为切入点，取得顾客的信赖，让顾客给自己一个展示商品的机会，使顾客认同自己所提供的商品优于原有的固定货源商品，从而促使顾客调换新产品。

2. 鼓励对方尝试

推销员应积极鼓励对方尝试，介绍产品的时候，有意识地渗透引导对方定期更换新产品，可以达到最好效果。

3. 提供例证

在解决货源异议时，推销员为了抵消顾客对产品的异议，应提供必备的客观凭证来证明自己的产品质量稳定、进货渠道合法。

（三）科学处理购买时间异议

推销活动中，顾客在闻听推销员介绍后往往会提出“等过段时间再考虑”或者“先看看情况再说”等托词拒绝购买。针对此类异议，可以采取以下几种策略解决：

1. 早买早受益

推销人员可引导其认识到早购买一天早享用一天，万一过了一段时间商品价格还是没降，就错过了最好的使用时机。

2. 良机激励法

主要是采用对顾客有利的时机鼓励顾客，使其不再犹豫，立刻拍板定夺，快速成交。

3. 激将法

推销人员使用激将法打消顾客顾虑从而使顾客快速购买。

六、顾客异议的处理方法

顾客异议产生的原因多种多样，表现形式也千差万别，为了有效化解顾客异议，推销人员要积极深入地辨析根源，探寻有效解决异议的方法，常用的处理顾客异议的方法主要有以下几种。

1. 直接否定法

直接否定法又称反驳处理法，是指推销人员根据比较明显的事实与充分的理由，对顾客的异议进行正面否定的一种处理异议的方法。

2. 间接否定法

间接否定法又称转折处理法、回避处理法、冷却处理法，是指推销人员并不直截了当地驳斥顾客的意见，而是用肯定的方式表示对顾客异议的理解、同情、认同，然后用一个转折词将自己的意见表达给顾客，间接性婉转地否定顾客异议的方法。

3. 抵消处理法

抵消处理法又称平衡处理法或补偿处理法，是指推销人员认同顾客的异议，提醒顾客可以从推销品及其购买条件中得到其他的好处，以补偿或抵消顾客异议的方法。

4. 转化处理法

转化法又称利用处理法、太极法，是指推销人员过滤顾客异议中有利的观点，并对此加工处理，转化为自己的观点，借以说服顾客消除顾客异议的方法。

5. 沉默处理法

沉默处理法又称不理睬法、忽视处理法，是指推销人员判定顾客所提出的异议与推销活动以及实现推销目的没有关联或没有必然关联时避而不答的处理异议的方法。

6. 自我发难法

自我发难法又称预防处理法，是指推销人员在推销过程中，预先设想顾客会提出哪些异议，在顾客尚未觉察时，自己先把问题说出来，继而再恰当解释来消除顾客异议的方法。

7. 问题引导处理法

问题引导处理法又称询问处理法，是指推销人员对于顾客提出的异议，通过询问的方式向顾客问明缘由，引导顾客在解答缘由的过程中不知不觉地回答了自己最初提出的异议，甚至否定自己，同意推销人员观点的处理方法。

8. 定制处理法

定制处理法又称量体裁衣法，是指推销人员按照顾客异议的具体要求重新为顾客推荐或提供符合其要求的产品，从而有效地消除顾客异议。

※实训任务综合※

实训任务 7.1 顾客异议类别辨析训练

1. 从你日常接待顾客的经历中，写出一句顾客表达真实异议的话：________

____

该异议属于什么原因导致的异议：________

____

你对此顾客异议采取的策略：________

____

你的策略是否化解了顾客的异议：A. 是 B. 没有 C. 顾客又提出了新的异议

有什么地方可以进一步完善：________

____

____

2. 虚假异议的产生原因：________

____

在你接待顾客的过程中，列举一句顾客的虚假异议（复述顾客原话）：____

____

____

如何正确对待虚假异议？________

____

____

3. 如何理解破坏性异议，请列举一例你接待顾客中的破坏性异议（请复述顾客原话）：

____

____

____

4. 通过以上三题的回答，请总结推销员处理顾客异议的原则：

(1)________ (2)________

(3)________ (4)________

(5)________

具体行为表现：（1）表情关注；（2）语言温柔；（3）耐心、仔细聆听；（4）承受顾客唠叨；（5）解决顾客烦恼。

※任务验收※

项目	分值/分	自我考核（40%）	小组考核（60%）	实际得分/分
任务理解能力	20			
任务分析能力	20			
任务解决能力	30			
团队配合能力	30			
合计	100			
小组排名				

实训任务 7.2　顾客异议处理的策略训练

1. 接待顾客的时候，顾客若觉得价格高，她是怎么说的：________________

____

____

你的解决策略：________________________________

____

____

总结对待顾客价格异议，你可以从哪些方面化解异议：__________

____

（1）强调优质优价，你该怎样和顾客说：________________

____

（2）顾客询价、避而不答时，你又应怎样和顾客说：__________

____

（3）强调单次使用成本、化整为零时，你应怎样和顾客说：________

____

（4）采取退让、妥协策略时，你应怎样和顾客说：__________

____

（5）顾客要是觉得价格低、担心质量时，你应怎样和顾客说：______

____

2. 当天接待顾客中，摘录顾客的货源异议：________________

____

对待顾客的货源异议，你该怎样和顾客说：________________

____

你如何游说顾客尝试新产品：____________________________

____

请描述你接待的顾客中，提出“再等等、再看看”的原话：________

____

你认为什么原因导致顾客会提出“等等”“看看 ”？______________________

____

对于这类的异议，你应采用什么策略：______________________________
你会和顾客说哪些话：____

____

3. 请描述你接待的顾客中，提出没有支付能力的原话：________________

____

你认为该异议属于什么异议：____________________________________
你该如何化解此异议：____
你会告诉顾客本店（商场）可以刷卡吗？____A. 会______B. 不会____
如果你想让顾客留一点定金，你该怎么说：__________________________

____

如果顾客执意不留定金、不刷卡，你又该怎么操作，说哪些话，可以让顾客愿意再到你这里买走商品：____

____

____

※任务验收※

项目	分值/分	自我考核（40%）	小组考核（60%）	实际得分/分
任务理解能力	20			
任务分析能力	20			
任务解决能力	30			
团队配合能力	30			
合计	100			
小组排名				

实训任务 7.3 顾客异议的处理方法训练

1. 请写出你对顾客使用直接否定法时，你们之间的对话：________________
顾客：____
你：____
请总结什么情况下，使用直接否定法效果最好 ：________________________

____

2. 请写出你对顾客使用间接否定法时，你们之间的对话：________________
顾客：____
你：____
请总结什么情况下，使用间接否定法效果最好 ：________________________

____

3. 当顾客说出哪些话的时候，你可以使用抵消处理法？

顾客：____

____

你：____

____

请总结抵消处理法适用的情境：____________________

____

4. 你接待的顾客说了哪些话时，你可以使用沉默处理法？

顾客：____

____

你：____

____

请总结沉默处理法适用的情境：____________________

____

5. 你认为什么情境下该使用自我发难法化解顾客异议：__________

____

请复述你和顾客之间的对话：____________________

顾客：____

你：____

____

※任务验收※

项目	分值/分	自我考核（40%）	小组考核（60%）	实际得分/分
任务理解能力	20			
任务分析能力	20			
任务解决能力	30			
团队配合能力	30			
合计	100			
小组排名				

※娱乐与学习※

《商海通牒》教你如何有效说服顾客并化解异议

【剧情梗概】

【导演】J·C·陈多尔

【编剧】J·C·陈多尔

【主演】凯文·史派西、扎克瑞·昆图、杰瑞米·艾恩斯

这部电影的灵感来自真实事件，以2008年发生的金融危机作为整个故事的

背景。这一次，股票经纪人的形象不再是呼风唤雨的经济大鳄，而是无助的、有着悲剧性境遇的牺牲者。金融危机导致了许多金融企业的大规模裁员，哪怕是像埃里克·戴尔（史坦利·图齐饰演）这样优秀的人也失去了他风险部门评估主管的职位。在落寞地搬着东西准备离开公司的时候，他将自己未完成的一项研究交给了前同事彼得·沙利文（扎克瑞·昆图饰演）。从研究文件中，彼得惊愕地发现：华尔街将在未来的24小时之后濒临破产的边缘。他迅速将这个发现告诉了自己的老板威尔·艾默生（保罗·贝坦尼饰演），威尔则通知了更上级的老板山姆·罗杰斯（凯文·史派西饰演），就这样，这个令人震惊的消息很快就传到了顶头大老板约翰·图德（杰瑞米·艾恩斯饰演）的耳朵里。在短短的24小时里，每个人都要为自己的立场和利益做出艰难的抉择，而他们的决定也将影响整个美国的经济……

剧情简介资料来源：http：//baike. baidu. com/view/5200648. htm

【教师推荐】

这是与股票证券有关的影片，选取本电影的目的是让读者更清晰地认识到商场里也到处充满了陷阱和骗局。本影片关于推销说服的片段很多，大家在赏析演员精彩对戏的同时也可领略推销谈判的艺术，学会如何用巧妙的话语劝导对方听从自己的建议，如何有效化解顾客的异议，相信大家会受益匪浅。

模块八

商品交易促成训练

实训目标

要求学生正确理解促成交易的含义，灵活辨认成交信号，熟练运用各种有效成交的方法及策略，促成交易，掌握成交后续工作的相关内容。

实训技能要求

1. 理解促成交易的含义
2. 辨别成交的信号
3. 理解促成交易的基本策略
4. 掌握促成交易的方法
5. 理解成交后续工作的内容和方法

任务一　成交信号及成交策略

任务二　促成交易的方法

任务三　成交的后续工作

技能（知识）点

1. 理解促成交易的含义
2. 辨别成交的信号
3. 理解促成交易的基本策略
4. 掌握促成交易的方法

知识储备

一、推销成交的含义

所谓推销成交，是指顾客接受推销员的购买建议及购买展示，愿意做出购买推销品的行动过程。成交可以看作是顾客接受推销员的推荐、游说，对此行为做出的积极的、肯定性的反馈表现，也就是买卖双方达成一致的交易条件的活动过程。我们可以从以下几个方面来理解这一含义：

1. 成交是推销员推荐顾客成效的表现

顾客愿意不愿意接受推销员的诱导、游说、推荐，关键在于是否成交，成交是个强调结果的问题，而不是关注整个过程，推销人员推销过程中，顾客显得很专注、很仔细地聆听，并不意味着推销富有成效，只有顾客愿意花钱购买，才是成效的标志。

2. 成交是化解顾客异议、水到渠成的结果

顾客异议是顾客成交的拦路虎，只有顾客异议完全化解后，顾客才愿意接受购买商品的行为，推销人员的所有努力都是为了让顾客掏钱买走商品，实现推销品所有权的转移。

3. 成交并不是推销活动的终结，而是新的推销活动的开始

顾客购买商品，只是推销活动过程的成果体现，但是推销活动并未结束，推销人员与顾客建立良好、融洽的关系，就可为下一次购买做好铺垫，同时也可通过顾客购买行为的扩大介绍，使更多的顾客前来购买，即推销人员不单纯是只做顾客这一单生意，而是尽可能多的生意。

二、成交信号的种类

所谓成交信号，是指顾客在决定购买推销品的时候，从语言、面部表情、身体行为上会有一种下意识的动作流露，推销人员只要能及时捕捉到，就可以顺带促成交易。

1. 表情信号

人的表情能反映出喜怒哀乐，所谓表情信号就是从顾客的面部表情和身体仪态中流露出来的一种反应，如在化解异议后面带微笑、下意识地点头、紧锁的眉头渐渐变得松弛、眼神由迟疑变得坚定等，这就表明顾客认同了你的解释，愿意做出购买行为。例如：一位营业员在给顾客讲解学习机的使用时，顾客的表情从严肃到松弛，从松弛到脸上露出不易察觉的笑容。这些信号就表明顾客已经认同了推销人员的推荐，再及时开票，顾客就可能去付款。

当顾客对商品抱有好感的时候，表情语言一般是最先流露的，推销人员可以据此辨别顾客的购买意愿，一旦捕捉到成交信号，就要引导顾客消费，促成推销成果实现。

一般而言，下列几种情况可表明顾客愿意做出购买行为：

①顾客特别专注地查看商品。

②顾客面带微笑且笑得自然。

③顾客眉头紧锁后又舒展。

④顾客眼睛向下看，似乎在思索什么。

⑤顾客点头表示同意推销人员的观点。

⑥顾客显得轻松，态度也更加友善。

⑦嘴唇嚅动，好像要说话的样子，却又没说。

2. 语言信号

语言是顾客表达自己想法的主要工具，顾客通过询问功能、价格、使用注意事项、售后维修、是否上门安装等会脱口而出“喜欢”“还不错”“正是我想要的”等信号，这就暗示着顾客愿意购买商品。一般来说，以下几种情况都属于成交的语言信号：

①顾客对商品给予肯定或赞赏。

②边看说明书边提出疑问。

③仔细询问交易方式、交货时间和付款条件。

④详细了解商品的使用情况、具体的操作程序。

⑤对产品质量及性能提出质疑。

⑥步步追问推销员，尤其对产品保养、售后服务事项问得很仔细。

⑦拿着价目表仔细盘问推销人员。

⑧提出一个新的成交价格。

3. 行为信号

当一个顾客从对商品没兴趣到有兴趣，再到愿意做出购买行为的过程中，顾客的肢体语言会透露出一些对成交有价值的信息，推销人员要善于抓住良机，大胆地引导客户，客户就会做出购买行为。

①反复查看说明书，熟悉商品结构。

②身体前倾，离推销人员展示的商品更近一步。

③神情很关注，不停地摆弄商品。

④试用产品，并用手触摸产品或用手去丈量商品。

⑤沉默不语或脚部持续晃动。

⑥主动请出有拍板权的负责人，或主动给你介绍有关部门的负责人。

⑦突然给销售员倒开水，或递烟，变得热情起来等。

⑧将椅子拉近推销人员，神情很专注。

⑨拿笔在产品介绍宣传单上划下自认为是重点的文字。

⑩询问同行者的意见。

⑪掏出手机给某人汇报产品情况、价钱等。

三、促成交易的策略

成交策略是促成交易活动的基本战术，适用于各种商品或服务的推销活动，能否实现成交，取决于推销人员是否能熟练掌握并灵活运用成交策略。一般常用的成交策略主要有以下内容：

1. 保持积极的心态，培养正确成交意识

成交是推销活动的分水岭，要么成功、要么失败。成交的障碍除了顾客、推销品本身及外界干扰外，还有来自于推销者本人的情绪和心理障碍。推销人员由于产品知识、推销经验、个人性格等原因，对顾客能否购买充满了胆怯、不自信、恐惧等心理反应，具体表现为拼命地介绍商品，不给客户喘息的机会；另一种表现就是沉默不语，被动地等待顾客做出反应，这两种表现对促成交易无任何推动作用，往往也很难成交。事实上，顾客喜好因人而异，产品本身也不一定让每个顾客都觉得十全十美，即使顾客不认同、说“不”也是很正常的反应。推销人员是整个推销活动的灵魂，可以通过一次积极的因素来推动推销活动的继续进行，只要保持积极的心态，耐心地引导顾客就可能促使顾客做出购买行为，即使一再引导后，顾客还是拒绝了，但是在温馨、融洽的氛围中，给顾客留下了好印象，就有可能使顾客再次光临，实现购买任务，即俗话说的“买卖不成仁义在”。因此，推销人员要敢于开口提出自己的请求，要知道“开口顾客不一定购买，但不开口顾客肯定是不购买的”。即使被顾客拒绝，推销人员也没任何损失，还可以有时机给顾客重新推荐其他的产品，只要争取，一定会有收获的。“优秀的推销人员并不是一开始就优秀的”，他也需要多次磨炼，每一次拒绝都及时查找原因，时间长了，再笨拙的推销人员也变得优秀了。

2. 提防第三者“搅局”

推销成交过程中，最忌讳的是与顾客已基本敲定了，突然有第三者加入而阻挠生意继续进行。第三者对产品的怀疑、疑虑、偏见就会左右顾客的先前思考，使顾客重新审视成交的商品、价格、条件，往往做出推迟购买，甚至放弃购买的行为。对于有经验的推销人员而言，如果买货的是两位同性，生意就会有难度，因为另一个人会给准顾客提供一些“参谋”“建议”，使推销行为受阻。聪明的推销人员往往会用一些小礼品“封嘴”，即提示买了商品每人送一个小礼物，第三者为了得到礼物，也不好再说“反话”。有鉴于此，推销人员应尽量在没有第三者干扰的情况下与准顾客成交，防止第三者的“横加干涉”。为了防止顾客受到其他人的干扰，你可以对准顾客说“这太吵了，咱们找个清静的地方谈吧，可以给你个优惠价!”

3. 保留余地，择时促成交易

顾客提议成交条件难免有单纯询价之嫌，因此推销人员要保留一定的成交余地。即不可全部把成交价全盘托出，否则顾客会认为优惠条件不够彻底，而不愿意成交。同时，当顾客再次提议购买的时候因条件没有变化，他们会心理失衡，从而放弃购买。

因此，正确的做法是报出比较保守的成交底价，略微有一定的回旋余地，这样在推销过程中就能始终占据着主动，如果顺利成交最好，如果顾客觉得需要考虑，适时地递上名片或留下联系方式，待顾客考虑清楚后，如有需要再行联系，届时根据实际情况，还可以适当给予一定优惠，以达成交易。

4. 因势利导，诱导顾客主动成交

推销过程中，推销人员应竭力宣传、强调推销品给顾客带来的好处、利益，以使顾客确信产品即为其最需要的，如果不能购买则是他本人的巨大损失，诱导其提出主动性购买。一般而言，推销人员的说服工作准确到位，顾客对产品及交易条件感到满意，顾客就认为没有必要再讨价还价，大都会主动提出购买，从而顺利成交。因此，推销人员应善于“借力”“借势”尽可能地引导顾客主动购买产品，达到减少成交阻力的目的。

每个顾客都有自己的主见，愿意把“明智”的购买行为当成一种可以炫耀的“资本”，对此，推销人员要采取适当的方法与技巧来引导顾客主动成交，使顾客觉得购买行为完全是个人的决定，并不完全是别人的推荐，顾客成交的时候，心情也会十分轻松和愉快。这种策略尤其适用有主见的或比较自负的顾客。

5. 不放过任何一个成交机会

推销成交一个瞬间就可以完成，因此整个推销活动都有可能随时完成交易，推销员要树立正确的推销意识，不放过任何一个可能成交的机会。比如心肠软的顾客一开始已经断定不会购买商品，结果听到推销人员几句恳求的话语，放弃了拒绝，购买商品。尤其是很多面临崩溃的推销洽谈，也许在最后的几秒钟就可以“峰回路转”“柳暗花明”，这就需要推销人员坚持、有信心、不动摇，而且要敢于进行尝试。比如说，有的顾客见推销人员转身告辞后，觉得心情可以放松了，但看到推销人员比较沮丧的表情，会产生同情心，如果推销人员在临出门的瞬间再恳切地问一句“先生，您可以买一个吗？要不我这月就干不成了。”看到推销人员恳求的目光，很多顾客也许就会做出购买行为。在实际推销工作中，许多推销人员忽视这样的成交机会，以为顾客已经明确提出拒绝，就不会再做出购买行为，事实证明这样是错误的，只要顾客没有从视线中消失，成交就随时都有可能实现，关键是你如何让顾客改变主意。

四、促成交易的方法

所谓成交方法，是指推销人员在恰当的时间，用以启发、引导顾客并促成顾客做出购买决定，完成购买行为的方法和技巧。它是促成交易的规律及经验的总结，常用的成交方法主要有以下几种：

1. 请求成交法

请求成交法又称直接成交法，即推销人员用明确的语言直接要求准顾客购买推销品的一种方法。请求成交法是最基本、最简单、最常用的一种成交方法。一般推销人员在解决顾客异议后，会顺带一句“既然没有什么不满意的地方了，那我们就签订合同吧”。

以下是请求成交法的注意细节。

(1) 使用场合。

拜访关系户。对于已建立了较好的人际关系的一些老客户或比较熟悉的朋友，由于彼此信任，可以运用此法，准顾客一般不会拒绝。例如："马经理，最近我们又新生产了一批红木家具，销售形势很好，要不您再进些货，肯定能赚钱的!""王姐，我们厂子新研发了一种洗发膏，去头屑很管用的，要不先来一瓶试试，我给你优惠价。"

顾客流露出购买信号。顾客对推销品感兴趣，产生了购买欲望，但尚未主动提出成交时，推销人员可以采用请求成交法，"帮"顾客做购买决定。

化解最关键的顾客异议。当推销人员尽力化解了顾客最关键的问题，顾客就没什么可担心的了，推销人员就可趁机提出购买建议，促成交易。例如："您对这款手机最关心的就是质量问题，您看我们这是 Apple 手机旗舰店，手机百分百的行货，那我去库房帮您拿一台，这是小票，您去左侧收银台交款吧。"

(2) 找准时机。

请求成交法的最关键之处就是要把握时机，不要刚一介绍没等顾客有所反应就急着让顾客做出成交，那样就有强迫之嫌，会造成顾客反感，也会让顾客觉得推销品愁卖，顾客在心理上占有优势，可以在价钱商定上使推销人员陷于被动局面。同样也不要太晚，否则顾客会失去购买愿望。一般顾客频频点头或表情兴奋或神情很关注推销品，推销人员就可以使用请求成交法。

(3) 语气要灵活。

若顾客已经完全认同推销品，推销员口气可以直截了当，以坚定的语气促使犹豫不决的顾客做出购买决定，但是对于性格比较内向、做事比较谨慎的顾客，语气就要委婉，否则过于强硬的语气反而会使顾客生怕上当受骗，而产生逆反行为。

2. 假定成交法

假定成交法又称假设成交法，是指顾客尚未明确提出成交，甚至顾客仍持有疑问时，推销人员就假定顾客已接受推销建议而直接要求其购买的成交方法。例如，"我们是送货上门，请告诉我你家的地址，我好给你做配货单。"或"李小姐，你要几包货。"假定成交法比较自信的推销人员经常使用，他们往往对顾客的购买行为比较自信，用假定的方式来"催促"顾客做出购买行为，既显得轻松自如，又制造了比较融洽的推销气氛，有的顾客受其自信的感染，也就自信地顺水推舟了。

假定成交法有一种推动力，是推销人员推动顾客接受产品的行为，推销人员可以占据主导位置，让顾客顺着推销人员的节奏完成购买行为。比如，业务员带领顾客试驾好汽车后，让顾客体验汽车的性能，再重点介绍汽车的关键部位，觉得时机成熟时，就可以假定顾客做出购买行为。如，"张先生，您现在只要花几分钟时间办好相关手续，一个小时后，您就拥有了一辆新车了。您的同事一定羡慕您买到这么好的车，来吧，我们去楼上办手续吧。”一般顾客诚心要买，就会按照推销员的指引办理手续，如果顾客尚在考虑期，他也必然告诉你不买的理由。

假定成交法对老顾客的推销也很适用。例如，一个鱼贩对前来买鱼的女顾客说“王姐，今天鱿鱼很新鲜，来，我给您称 2 斤①”。

假定成交法的最大优点是节省推销时间，直接辨明顾客购买的真假，推销效率高。但这种方法也存在着一定的局限性：忽视了推销活动中，买卖双方都是主导，它将推销人员的意志强加在顾客的意志之上，单纯以推销人员的主观意志为基础，有时会让顾客反感。

假定成交法适用两种情况：

①顾客发出比较明确的推销信号。

②性格比较柔婉、依赖感较强、关系比较好的老顾客。

3. 选择成交法

选择成交法是指推销人员向顾客提供一个有效的选择范围，一般提供两种或两种以上可供选择的购买方案来促成交易的成交方法。选择成交法的理论虽与假定成交理论相类似，但前者是后者的具体运用和发展，前者比后者更加考虑顾客的感受，即推销过程中更显得自然、贴切。该方法的实质是推销员先假设顾客已经愿意购买，但是为了避免假定成交给顾客过于“推”的嫌疑，它更关注顾客对推销品的细节考虑，在有效范围内不断地进行二选一或三选一洽谈，让顾客做出各个细节的选择，使顾客无论做出何种选择，结局都是成交。

使用选择成交法应注意的细节：

（1）明确顾客的大体需求后，再设定有效范围。

推销员对顾客嘘寒问暖的过程中，要通过有技巧的提问，了解顾客的大致需求，为顾客设计一个成交范围，目的是在范围中为顾客选择最合适的商品，否则如果商品太多，顾客也会力不从心或挑花了眼，空手而回。

（2）掌握主动权，却把自主权留给顾客。

推销人员在整个推销活动中是作为“导演”出现的，事先按照自行设计的“剧本”框定出大致的成交范围，而把自主权留给了顾客，每次的选择题都是顾客自主做答，尊重了顾客的意见，减轻了顾客的压力感。

（3）及时捕捉顾客的心理动态。

虽然顾客的选择范围是推销员设定的，但是在顾客流露出很强的购买信号后，有的范围已经不重要了，可以及时让顾客做出购买行为了。如顾客对商品已经很满意了，就没有必要在颜色上再进行选择，如果顾客觉得什么颜色都成，再继续二选一，顾客会产生厌烦情绪，生意反而会落空。

---

① 1 斤 =500 克。

4. 从众成交法

从众成交法是推销员利用顾客的从众心理，促成其购买推销品的一种成交方法。从众成交法归因于顾客的从众心理，即跟随大多数人的购买意愿，是一种比较普遍的社会心理现象。例如有的顾客一般喜欢盘问营业员“哪款卖得最快”“哪样产品购买的人多。”往往听到答案后也就购买该款产品。因此，采用从众成交法，推销人员在推荐商品的时候要传达给顾客一个信号“××款产品，顾客购买得最多，我今天一上午就卖出了5件”。顾客的注意力就很容易被推荐的商品所吸引，生意促成的概率也非常大。

生意场上有句至理名言“货卖大堆”，此话的意思是当货物越多的时候，购物、挑选的顾客就越多，自然商品就销售得快。有的时候货物再好，如果一直都没人挑选，很多想买的人也不愿去买，他心里会想“咦？怎么没人买，肯定不新鲜，或老板肯定不地道，算了我也不买”。一些不良的买家雇“托”的目的也是利用顾客从众、跟随购买的心理，即有一个人买，就会吸引到第二个、第三个，以至更多的人。

在日常生活中，顾客或多或少都有一定的从众心理，他们在购买商品时，不仅要依据自身的需求、爱好、价值观选购商品，而且也要考虑大多数人的行为规范和审美观念，甚至在某些时候宁愿放弃自身的爱好而屈服于社会的压力，考虑多数人的参考意见，做出顺从的购买行为。例如：“营业员，那条裤子给我来一条红色的，穿着喜气。”“大姐，这件红色你穿上会有点艳，我们这像您这样岁数的顾客大都买淡蓝色的。”“哦，也是，行，那我就也拿淡蓝色的吧！”

其实顾客有从众心理的实质还是怕吃亏上当，看见很多顾客都抢着购买，顾客就会认为商品肯定好，不买就吃亏了。同时顾客也会有另一种想法，“反正大家都买了，要是吃亏，肯定不是我一个人的事情，再说大家的眼睛都是亮的，我看不明白，难道其他人也看不明白，都买了，我为啥不买。”

当然我们既然知道了顾客愿意做出从众购买行为，作为推销员初次推销商品时要对第一个购买者可以从价格上、成交条件上提出适当的优惠，以突破“零”的纪录，然后再通过第一个顾客做好其他顾客的从众成交法。“您看，刚才那个顾客刚买走，如果产品不好，他能买吗？”这样就可以拥有第二个、第三个，以至更多的顾客。

运用从众成交法应注意的细节：

（1）理清顾客的同质性，不同质的顾客无法“从众”。相同家庭收入、相同家庭成员情况、相同年龄段的顾客购买行为趋于相似，可以使用从众成交法。但是，有些顾客喜欢标新立异，收入状况比较特殊、个人做事又愿意与众不同，若推销员错误地使用了从众成交法，反而会引起该类顾客的逆反心理，从而拒绝购买。“你说刚才那个人买了你们产品，那我肯定不买，你看她的穿着和我的穿着能是一个层次吗？我怎么会买那么低廉的商品。”

（2）“从众”成交的榜样最好有一定的代表性或公众性。

（3）从众推销的氛围要真实，购买人要确实存在。

（4）该方法可配合有关视频广告，这样既可提高企业产品的知名度，又可吸引顾客从众。

5. 小点成交法

小点成交法又称局部成交法或次要问题成交法，是指推销人员利用局部或次要问题的成交来促成整体成交的一种方法。小点与大点是相对的，即让顾客先在小的地方不反对，然后过渡到大的地方不反对，最后全部问题不反对，成交就实现了。

小点成交法主要利用给顾客“减压”的原理，顾客在处理一些细小问题上心理压力比较少，因此答应起来也比较容易，推销人员将若干个细小问题慢慢争取过来，最后剩下的就不再是什么大问题了。比如顾客对产品是否成交拿不定主意，往往可能是因为商品的价格，推销人员就刻意避开这一点，先让顾客认同产品的颜色、款式、使用方法、功能特点、保养情况、售后服务这些貌似无关紧要的地方，那么就差价格这一小点了，顾客就不再坚持异议，购买就实现了。如果我们把商品成交看作是一个整体性决定，推销人员可以采取化整为零的方法，将整体性的决定划分为若干个分散性的“小点”，先争得顾客一个“小点”同意，再过渡到第二个、第三个及更多的小点同意，那么最后的那个异议也就变为“小点”了，以此达成交易。换言之，就是各个击破，“蚕食”顾客整体性决定。

小点成交法因为不给顾客带来太大的压力，所以易于创造良好的成交气氛；利于推销人员与顾客周旋；利于推销人员利用成交信号有效地促成交易。

小点成交法的缺陷在于推销人员过于提示“无关紧要”的小问题，容易分散顾客的注意力，甚至会引起顾客的误会；推销耗时较多，降低成交效率。

6. 总结利益成交法

总结利益成交法是指推销员在推销洽谈中将顾客关注的产品的主要特色、优点和利益，在成交中以积极的方式作概括总结，以得到顾客的认同并最终促使顾客购买的一种成交方法。例如：手机专卖店的营业员运用总结利益成交法，“这位先生，刚才我们也尝试了这款手机上网的快捷性、QQ 后台操作、个性铃声制作等功能，您都还满意是吗？那我就给你下单了，好吧！这款手机在我们店里销售很火的，您买它肯定错不了。”

总结利益法也许是争取订单最流行的方法。当顾客认同个别产品特点时，这些都是零散性的，但是推销员将它一起汇总，就传递给顾客原来该款商品自己本来就很满意的信息，再说服其购买，就是很简单的事情了。一般来说，总结利益成交法由以下四个基本步骤组成：

（1）留意顾客对产品的认可之处。

（2）适时地总结以上的利益。

（3）提出购买建议。

（4）可配合其他方法，引导顾客购买。

运用总结利益成交法时，应能及时捕捉顾客所关注的核心利益，有针对性、有逻辑性、有条理性地汇总罗列推销品的优点，提醒顾客推销品给自己带来的收益，激发顾客的购买兴趣，迅速作出决策。总结利益成交法适用面很广，对复杂产品的推销更适用。但是采用此法，推销人员要聆听仔细，千万别把顾客的异议当成优点加以罗列，以免遭到顾客的拒绝。

7. 最后机会成交法

最后机会成交法又称机会成交法、无选择成交法、限制成交法或唯一条件成交法，是指推销人员直接向顾客提示最后成交机会而促使顾客立即做出购买行为的一种成交方法。这一成交方法要求推销人员合理运用购买机会原理，向顾客提示购买“机不可失，时不再来”“过了这村就没这个店”，使顾客意识到购买时机的紧迫性，从而作出迅速购买的决定。在最后时刻面前，顾客的犹豫时间已所剩不多，因此往往会做出果断购买行为或放弃，这会大大提高推销效率。

最后成交法的注意事项：

（1）待顾客已经对商品感兴趣后犹豫不决的时候运用。顾客愿不愿意购买商品和最后期限不相关，如果顾客对商品一点兴趣没有，最后期限毫无意义。

（2）最后机会真实存在，不得虚假。比如你看见卖小工艺品的小贩买的手机挂件很好看，他就会说：“我就剩 5 个了，这挂件卖得快极啦，你过一会儿就买不到了”。顾客高兴地买走 5 个。可等顾客离开后，小贩又从包里拿出 5 个来欺骗下一个顾客，这样的做法被识破就很难再招来顾客了。

8. 优惠成交法

优惠成交法又称让利成交法，是指当顾客犹豫不决时，推销人员通过提供优惠的交易条件来促成交易的一种方法。它利用了顾客在购买商品时的求利心理，实行让利销售，促成交易。商家经常使用的“买一送一”“买 8 000 元送小家电”等就是此法的典型例子。

优惠成交法有利于创造良好的成交气氛，可以促成大批量交易，提高成交的效率。该方法尤其适用推销库存中的某些滞销品，加快资金回笼速度。

优惠成交法的注意细节：

（1）让利有限度，否则得不偿失。

（2）优惠产品或赠送产品不能是次品，否则会失去顾客信任。

（3）优惠要有诚意，不要弄虚作假。

9. 保证成交法

保证成交法又称许诺成交法，是指推销员通过向顾客提供某种保证来促使顾客快速成交的一种方法。顾客购买商品除了关心价格、性能、质量以外，更担心购买商品的安全，如是不是正品，售后服务的承诺能否兑现，有无对人体的潜在伤害等，而保证成交法即向顾客提供上述问题的成交保证，消除顾客的心理不安因素，降低顾客的购物风险，从而使顾客尽快成交。保证成交法是顾客购买商品的“定心丸”，对顾客最关心的问题给予保障性承诺，使顾客买得放心，用得安心。例如：“我们三洋洗衣机采用全自动进口机芯，可以无故障工作 4 万小时，为顾客提供长达 10 年的售后服务保证，如果遇到什么问题，我们公司的服务人员会 24 小时内上门为您提供免费服务，解除您的后顾之忧，您就大胆地买吧。”

又如：“我们郑重承诺，彩页上的商品保证全市最低价，如果高于其他商场，我们立即给您双倍补齐差价。”

保证成交法的适用时机：

（1）顾客对商品缺乏了解，产品单价较高、购买风险较大，对购买缺乏信心。

（2）中间商对产品前景没把握，害怕销售不出去。

（3）顾客对购买产品的不可预见情况有一种担心，如运送情况、安装问题、售后问题、零配件更换等。

保证成交法的注意细节：

（1）保证要及时兑现承诺，不可欺骗顾客。

（2）保证要能涵盖顾客的疑虑，如果保证的内容不能消除顾客的担心，则是失败的保证。

（3）保证条款不能泛滥，对于无法保证的事项，要敢于说不。

10. 试用成交法

试用成交法又称体验成交法，是指推销人员为了让顾客加深对推销品的了解，增强购买信心，让顾客试用或者体验的一种成交方法。试用成交法能给顾客留下非常深刻的直观印象，例如推销人员给顾客介绍按摩器后，把按摩器放在顾客那里，告诉顾客买不买没关系，只要保证原样就好，一周后再去顾客家取回按摩器。由于顾客已经使用习惯了，按摩器可大大缓解顾客的腰腿疼痛，全家人都很喜欢用，就可能掏钱来购买。超市中买新产品饮料，让顾客免费试喝，顾客觉得口感不错，就有可能去购买。

试用成交法一般适用于磨损不大的产品，如按摩椅、治疗仪等；也可用于新产品的试用装；还可用于现场试用，如饼干、水果、饮料等。

试用成交法使用应注意的细节：

（1）试用推销品要注意风险，顾客留用推销品要办理相关手续，防止节外生枝。

（2）鼓励顾客试用，但不可给顾客造成过多的购买压力。

（3）试用后，要留意顾客的意见，为今后产品的改良提供依据。

※实训任务综合※

实训任务8.1 成交信号识别训练

1. 描述你日常接待的顾客做出哪些举动的时候，意味着顾客可能要成交（至少列出四点）：

（1）面部表情方面：________________________________

____

（2）语言表达方面：________________________________

____

（3）行为表现方面：________________________________

____

2. 你觉得应该在什么情况下做出请求成交：____________________

____

3. 如何有效防止第三者搅局？________________________

____

4. 如果一家三口来到你负责的柜台购买商品，你应该把重心放在谁的身上？请说明理由：________________________________

____

____

____

5. 当顾客听到你的介绍后，还是不打算购买，准备离去时，你应该说哪些话？________________________________

____

____

6. 通过回答以上问题，请总结促成顾客成交的策略：____________

____

____

※任务验收※

项目	分值/分	自我考核（40%）	小组考核（60%）	实际得分/分
任务理解能力	20			
任务分析能力	20			
任务解决能力	30			
团队配合能力	30			
合计	100			
小组排名				

实训任务 8.2　交易促成方法训练

1. 在什么情况下，可以使用请求成交法：________________

____

请复述你接待顾客过程中使用请求成交法的原话：________________

____

2. 在什么情况下，可以使用假定成交法：________________

____

请复述你接待顾客过程中使用假定成交法的原话：________________

____

3. 从众成交法是利用顾客的什么心理：________________

一般来说，顾客说什么话的时候，大体可以认定该顾客具有从众心理？____

____

顾客：________________

请复述你接待顾客过程中使用从众成交法的原话：________________

____

4. 选择成交法的控制权在谁的手上？ A. 顾客　B. 推销员

你认为在什么情况下，可以使用选择成交法？________________

____

请复述你接待顾客过程中，使用选择成交法的原话：________________

____

5. 小点成交法，一般适用于顾客对什么产生的异议？ A. 价格　B. 货源　C. 款式

请复述你接待顾客过程中，使用小点成交法的原话：________________

____

6. 请复述你接待顾客过程中，使用总结利益成交法的原话：________________

____

____

____

请总结面对什么样的顾客（ A. 性格内向，沉默寡言　B. 性格外向，话语较多）

又在什么情况下， A. 犹豫不决　B. 态度明确　C. 有明确的个人偏好　D. 需求不太坚定

最适宜采用总结利益成交法？

7. 最后成交法适用于什么情况：________________

请复述你接待顾客过程中使用该方法的原话：________________

____

8. 优惠成交法主要利用顾客________心理，使用的时候应掌握什么分寸？

____

____

请复述你接待顾客过程中使用该方法的原话：________________________

____

※任务验收※

项目	分值/分	自我考核（40%）	小组考核（60%）	实际得分/分
任务理解能力	20			
任务分析能力	20			
任务解决能力	30			
团队配合能力	30			
合计	100			
小组排名				

实训任务 8.3　成交的后续工作训练

【他山之石】

顾客交款拿回小票后，营业员应首先核对单据，查看收讫章真伪，检查金额是否有误，完全准确后，再将顾客挑选的商品的货号和小票上的货号核对无误后，将顾客选购的商品装入包装袋中，双手递给顾客，并提醒顾客再检查下有无质量问题（如跳线、开线、瑕疵等）。询问顾客是否需要包装好，然后再双手递交顾客，致欢送词，感谢顾客的光临，欢迎下次继续购买，面带笑容送走顾客。

1. 合理配货，大件商品一般提供送货上门服务，顾客成交后，你主要做哪些工作：

(1) 核对收款收据，查验收款章、数额。

(2) ____

(3) ____

2. 你负责的小件商品专柜，顾客将收款凭证交给你后，你要做哪些工作：

(1) ____

(2) 查看顾客挑选好的商品和小票上的货号是否一致。

(3) ____

(4) ____

(5) ____

※任务验收※

项目	分值/分	自我考核（40%）	小组考核（60%）	实际得分/分
任务理解能力	20			
任务分析能力	20			
任务解决能力	30			
团队配合能力	30			
合计	100			
小组排名				

※娱乐与学习※

《邮递员》教你理解推销服务的宗旨，掌握客户关系维护技巧

【剧情梗概】

【发行公司】Bandeaux Co. Ltd.

【导演】今井和久

【主演】长岛一茂，北乃纪伊，小川光树，原沙知绘等

依山傍海的千叶县房总町是个宁静美丽的小镇。海江田龙兵是镇上的邮递员，爱妻泉两年前过世，他独自一人把女儿步美和儿子铁兵拉扯大。龙兵非常热爱自己的工作，他的投递总是迅速而准确，邮局局长和镇民们都十分信赖他。如今，大多数邮递员都骑着摩托送信，但龙兵依然踩着红色（日本邮政的标志色是红色）的自行车走街串巷。

初中三年级的步美即将毕业，她提出要报考寄宿制高中。龙兵认为一家人就应该生活在同一屋檐下，顽固地反对步美的志愿。步美向班主任塚原老师求救，塚原却告诉她："自己的人生要自己来决定。"

泉的三周年忌，龙兵提出要把泉的遗物分给亲戚们，引来了步美的强烈不满，她对着父亲大吼："你把妈妈忘了么？"龙兵不假思索地扇了女儿一记耳光，父女之间的裂痕加深了。

外婆园子给步美看了一包东西，那是龙兵从念小学起直到结婚的十六年中给泉写的信。两个人由于相隔遥远很难见面，却一直在书信中交流心意。正因为小时候总是热切地盼望着邮递员送来泉的信，龙兵长大后也成了一名邮递员。知道这些之后，步美理解了父亲。

龙兵在送信时发现一个老人昏倒在家中，连忙将他送进了医院。护士把老人衣袋里的一封信交给了龙兵，原来这是能证明老人依然无恙的信，有人正等待着老人的消息。龙兵将自行车踩得飞快，赶往信上的地址……

剧情简介资料来源：http://baike.baidu.com/view/296144.htm#sub7522929

【教师推荐】

这是一个描写普通邮递员的故事，故事主人公龙兵对待工作一丝不苟，每天任劳任怨地尽职工作。选取本电影，目的是让读者对推销员服务的内容有所了解，遇到顾客不信任甚至无端指责的时候，要认真地聆听顾客的心声，做到不争辩、不抱怨，只要心中有顾客，你的推销工作就会越做越好。

推销服务永无止境，不要以为生意做完了，就不考虑责任了。一个优秀的推销员也一定是个专业的售后服务师，因为推销的实质就是服务。把顾客服务好了，他才愿意继续购买商品，才愿意把你的商品推荐给其他的朋友。

模块九

推销人员管理训练

实训目标

要求学生掌握推销人员的选拔、培训流程，了解你所实习单位的销售人员激励情况，相同岗位的薪酬制度情况，学会制定推销绩效评估的方法及策略。

任务要求

1. 了解推销人员招聘与选拔的流程
2. 熟悉推销人员培训的方法
3. 掌握推销人员薪酬的类型及激励方法
4. 熟悉推销人员绩效考评的方法

技能（知识）点

1. 推销人员的选聘工作
2. 客户管理搭建工作
3. 绩效评估管理工作

知识储备

一、推销人员的招聘与选拔过程

推销人员的甄选一般有以下步骤：

1. 发布招聘启事

当企业确实需要招聘员工时，应通过一定渠道发布招聘启事，以使更多的求职者关注到企业的需求信息，一般常见的招聘渠道为人才求职网、政府招聘网站、报纸、海报、校园招聘、人才交流会等。

2. 筛选求职者简历

用人单位收到求职者的简历后，应按照招聘条件、岗位要求，有无相关工作经验，是否符合人才需求等条件，进行筛选，不符合的求职简历放入企业备用文件柜中，作为备选。

3. 组织相关面试

面试因岗位的不同可能会进行一次或多次面试。职位越低的人面试的次数越少，通常业务人员、推销人员由人力资源部门负责。某些大型单位可能要经历两轮面试，人力资源部门面试主要考查应聘者的反应能力、逻辑沟通能力，销售部门进行二次面试，主要考查应聘者的团队协调能力、岗位适应能力。

4. 进行业务能力测试

业务能力测试因用人单位不同，测试的方法也不同，但大体上分为知识能力测试和心理能力测试两块内容。

（1）知识能力测试。知识能力测试主要考查应聘者对文化基础知识和营销知识的掌握程度。因推销员要写拜访计划，要和准顾客交流，如果不具备基本的文化知识就缺少一定的文化底蕴；营销专业知识主要考查应聘者能否灵活运用专业语言和客户沟通，掌握一定的推销策略以完成任务。

（2）心理能力测试。心理能力测试主要内容包括能力、性格、成就等测试。推销工作是一个承受压力很强的工作，因此心理测试主要检测应聘者的心理抗压能力，有无较强的成功欲望，是否敢向高薪挑战，以为企业选拔出较优秀的人才。

5. 体检

经过业务能力测试的人员，成为企业的拟录用人员，但录用前要检查其身体条件是否能胜任推销工作，比如有无器质性、严重功能性疾病及不适宜推销工作岗位的其他疾病。

6. 办理入职手续

向应聘者发出录用通知，提醒其在规定的时间内办理好入职手续，以完成本次的招聘任务。

二、培训的作用

推销员的推销技能不是天生就有的，而是后天通过培训和训练获得的，销售培训的目的是提高推销员的素质和能力，使其更好地为顾客服务。具体作用可表现在以下几个方面：

（一）提高自信心，克服孤独感

推销工作面对广大顾客，顾客的层次千差万别，因此推销人员经常会遭到客户的拒绝，甚至遭到客户的羞辱，很容易产生挫折感、自卑感，培训可以不断地强化推销员的使命感，使其保持积极向上的精神风貌。在很多情况下，推销人员需要独立作战，因而很容易产生孤独感，而适时的推销训练则有助于其保持战斗力。对于刚入行的年轻人，由于没有任何推销经验，遭受挫折的时候，会对自己所选择的职业产生怀疑，而各种培训可以帮助其树立自信心，并迅速调整自己的工作状态。

（二）提高营销能力，完善自我

企业的推销离不开员工的努力，推销人员不应该仅仅是销售人员，他还应该是合格的营销人员，需要掌握一些基本的营销技能，这种能力对员工发展将越来越重要。通过推销培训，压缩了推销人员的“成长”时间，使销售经验能成为大家共享的资源，更有利于新员工营销技能的提高。推销产品也是在推销自己，要成功推销产品，首先得使推销人员学会推销自己，对推销人员的培训是企业推销工作的一个重要组成部分。

此外随着环境的不断变化，科学的方法和手段也不断融入销售技能之中，推销人员要保持自己销售技能不落伍，必须进行持续培训以提高业绩水平。

（三）增强销售竞争力，提升企业形象

销售是龙头，销售业绩决定着企业的生存和发展。而要提高销量，就必须持续对推销人员进行培训，以持续提升推销人员的销售能力，从而使其业绩稳步提升。企业要在竞争激烈的市场上获得生存和发展，就必须培养销售人员的随机应变能力。培训能提高销售人员应付市场变化及突发事件的能力，增强其销售竞争力，使企业的营销队伍、推销技能不至于落伍，提高企业的整体推销业绩。通过培训可以提升推销人员的素质，进而提升企业的整体形象。

（四）稳定推销队伍，实现员工的自我价值

企业培训提高了推销人员工作的满意度，增强了其工作动力，员工就可以提高销售业绩，增加收入并产生成就感，从而提高推销人员对企业的归属感，降低他们的离职率，保持企业销售队伍的相对稳定。员工应聘到了企业，并不想一直从事基层工作，按照马斯洛的需求原则，自我实现是员工需求的最高层次，也只有通过培训，员工的能力才会提升，员工的职位才会晋升，从而实现最高需求。

（五）提高为顾客服务的质量

推销人员通过培训，对顾客服务就会更加规范、熟练，可以快速地解决顾客异议，做好顾客的参谋，满足顾客需要，顾客的满意就是培训的最好见证。

三、培训的分类

一般情况下，企业有三种类型的员工需要培训：一是新推销人员，培训目的是使他们尽快熟悉销售工作；二是有经验的推销人员，培训目的在于提高销售效率（企业推销人员中业绩处于中等水平的60%的推销人员是培训后投资回报最大的部分）；三是销售经理，企业期望他们掌握管理知识、提高管理技能。

1. 岗前培训

所谓岗前培训，是指向新员工介绍企业的规章制度、企业的文化以及企业的业务和员工，就其本质来讲，岗前培训只是培训的开始。岗前培训是新员工在组织中发展自己职业生涯的起点。岗前培训意味着新员工必须放弃某些理念、价值观念和行为方式，适应企业文化的要求和企业的发展目标，学习新的工作准则，规范自己的工作行为。企业在这一阶段的工作是要帮助新员工建立与同事和工作团队的关系，建立符合实际的期望和积极的工作态度。岗前培训一般会发放员工手册，使其熟悉推销的流程，并由组训人员督导日常的行为规范，使新员工早日适应工作节奏，快速进入工作状态。

2. 在职培训

所谓在职培训法，是指在工作现场内，上司或技能娴熟的老员工对下属、普通员工和新员工们通过日常的工作，对必要的推销知识、销售技能、工作方法等进行学习的一种培训方法。它的特点是在具体工作中，双方一边示范讲解、一边实践学习。学员有了不明之处可以当场询问，授教者可当场给予解答、纠正，还可以在互动中发现以往工作操作中的不足、不合理之处，共同改善。在职培训也称“职场内培训”。在职培训是企业最常使用的销售培训方法，培训的基本程序是通过观察“推销技能高手”的销售活动示范，使受训者的技能得以提高的过程。在职培训的好处是不耽误受训者的正常工作，可以使受训者接受严格的辅导，训练后及时找出差距，认识到工作中的不足，并加以改善。比较典型的做法是现场指导、模拟演练。在职培训最佳的效果是“一对一”训练，即所谓的师傅“手把手”教学，训练过程中，“师傅”最好只扮演“指导性”角色，观察“徒弟”的推销活动，然后再讲解为顾客服务时什么地方该注意的事项，让徒弟领悟如何操作才是正确的。“师傅”也可以与“徒弟”一起确立推销目标，在无客户的情况下进行模拟演练，但实际的推销活动则完全由“徒弟”完成，“师傅”只当旁观者。除了汽车零售、家电零售，在职培训也被广泛用于寿险业。

3. 专题培训

所谓专题培训，是对推销工作中的某一特定的内容、事件进行的培训，一般公司推出新产品或要进行某一特定活动的时候，会召集大家进行共同探讨，来提高大家对其的重视程度。专题培训的培训内容比较集中，以此强调实效性。如管理团队专题、电话推销专题、销售数据分析专题等。

四、培训的流程

推销培训的流程通常可分为四个阶段：培训需求分析；确定培训目标；制订培训计划并组织实施；培训效果评价。

（一）培训需求分析

培训需求分析对企业培训工作的作用非常重要，培训需求分析关系企业培训的成效。培训需求分析既是培训工作的起点，又是培训效果的检验依据。培训需求就是要明确员工是否需要培训，需要哪些方面的培训。企业可以通过以下方法收集培训信息，了解员工需求，确定培训需求：

1. 问卷调查法

它是指运用统一的设计问卷向被选取的调查者了解培训信息和征询培训意见的一种分析方法。将所要了解和分析的问题设计成问卷，由相关人员填写，最终问卷汇总后分析得出结果。设计和实施问卷应注意以下四个问题：

（1）问卷内容应保证能够被调查者理解并回答。

（2）问卷应有开头语，交代问卷调查的目的。

（3）问卷调查时应取得被调查者的信任，以保证调查结果的真实性。

（4）调查结束后要和调查者反馈沟通，分享调查结果。

2. 访谈法

它是指通过培训需求调研人员与推销员面对面的谈话来收集培训需求信息资料的一种方法。这是企业目前比较常用的需求调查方法，尤其适用于对高层销售经理的培训需求的了解。对销售经理进行访谈时，应注意以下6个问题。

（1）明确调查目的。

（2）制定访谈提纲。

（3）预约时间并提前发送访谈提纲。

（4）组织访谈小组并做好分工。访谈小组最好为3人以下，有专人负责主提问、记录。

（5）事先商定好访谈时间。访谈时间控制在一小时以内。

（6）访谈小组整理访谈记录，并对结果进行研讨和汇总。

3. 测试法

它是指通过测试方法（如现场操作、笔试、体验等）来了解推销员的知识、技能掌握程度而发现培训需求的一种方法。

4. 观察法

它是指培训需求调研人员在工作现场对被调查者的情况进行直接观察、记录，以便发现问题从而获得培训需求信息的一种方法。

5. 记录报告法

它是指通过对组织效力指标的分析与评价，确定培训需求的方法。一般来说，员工工作绩效报告、员工流失率、客户投诉率等信息资料，多会作为培训需求分析的依据。例如，发现大面积顾客投诉事件，就应分析有无必要对推销员的职业道德、服务技巧做相关培训。

6. 小组讨论法

它是指为获得培训需求，调查人员从推销员中甄别挑选业绩最好、业绩最差、业绩一般的群体分别组成小组进行讨论，通过讨论确定培训需求的一种方法。

（二）确定培训目标

企业的培训目标应清楚地说明推销员通过培训所需掌握的知识、技能以及所需要改变的态度和行为。企业的培训目标很多，主要包括发掘推销人员的潜能、增加推销人员对企业的信任、训练推销人员工作的方法等。企业的培训目标应具有确定性、可检验性、可衡量性。培训目标的陈述方式主要有三种：一是知识目标——培训后推销人员将要知道什么；二是行为目标——培训后推销人员将在工作中如何做；三是结果目标——通过培训企业要获得的将是什么。

例如一个关于解决顾客投诉项目的目标可以大致阐述为：知识目标——培训后推销员要知道正确的处理投诉流程；行为目标——如何正确处理顾客投诉；结果目标——降低顾客投诉比例及提高顾客满意率。

（三）制订培训计划并组织实施

1. 编制培训计划

培训项目计划是关于培训活动内容和顺序的一个指南，包括整个培训项目内所要进行的各项活动内容及先后次序和管理细节。通常，一份项目计划书由项目背景、培训对象、培训将解决的问题、时间安排、培训评估、预算、预期效果构成。

2. 培训项目成本预算

培训项目成本包括直接成本和间接成本，直接成本包括课程开发费、讲师费、资料费等；间接成本包括推销员工资福利、培训管理者的工资福利、内部设施的使用费用分摊等。

3. 培训项目沟通与审批

培训计划编制完成后，要报请主管机构或上级主管人员进行审批，决定该培训项目是否可以执行。

4. 培训师的选择与确认

培训师承担具体的培训任务，是培训工作的主要承担者，在培训中，培训教师的选择非常关键。培训教师素质的高低、意愿、能力、教学方法都关系培训的效果和质量。企业面对不同的培训内容和要求，可根据实际情况及资金费用选择来自内部或外部的培训师。

（1）内部培训师。

很多企业拥有专职的培训人员，销售经理和高级推销人员也是内部培训师的合适人选。内部培训师熟知工作需求，可以用各种形式与受训者沟通，可进行现场培训，可简化控制和协调工作。不足之处是内部专职的培训人员不如外部专家能满足推销人员的特殊需求，而销售经理和高级推销人员由于不是专业的培训教师，缺少培训经验，往往会做但不会讲，培训效果不一定理想。

（2）外部培训师。

外部培训师可以是销售培训的专业顾问，也可以是大学营销专业的资深教师，这些外部培训师经验比较丰富，往往被认为更具有权威性，不足之处是培训的费用比较昂贵。

5. 编制教学计划

对整个培训教学的内容和时间进行具体化安排，确定培训的内容和方法。

培训内容围绕培训需求而展开，常用的培训方法有：

①讲授法。就是教师通过课堂教学，系统地向推销员传授知识，期望这些接受培训的推销员能记住其中的重要观念及特定知识。这种方法是教育培训中最普遍的一种方法。其主要优点在于经济性，一个培训教师可以同时对多名推销员培训。缺点是单向沟通，受训者获得讨论的机会较少。

②演示法。这是运用一定的实物和教具，通过实地示范，使受训的推销员掌握某种任务或过程是如何完成的方法。

③讨论法。就是通过受训的推销人员之间的谈话解决疑难问题，巩固和扩大学习的知识。

④视听法。这指利用幻灯、电影、录影、录音、电脑等视听教材进行教育培训，多用于新员工的教育培训。

⑤单项工作训练。这是指完整地传授给受训的推销员单项工作，使其达到正确掌握该项操作的方法。

⑥目标竞赛法。以一种业务状况作为模式，由个人或团体进行竞争以达到教育培训的目的。此方法多用于新员工的教育培训，也有利于引入竞争，使推销员集体参与。

⑦角色扮演法。这指设定一个最接近当前状况的教育环境，指定参加者扮演的角色，借助角色的演练来理解角色的内容，从而提高主动地面对现实和解决问题能力的方法。

⑧个案研究法。这是利用书或影片，将实际或想象的情况用比较详细的方式描述出来的方法。它的重点是对过去所发生的事情作诊断或解决特别的问题，比较适用于静态地解决问题。

6. 培训行政准备

培训行政准备主要是对培训的各项事务性工作的准备和安排，如培训场地、培训设备、教学资料、培训学员的食宿安排等。

7. 实施培训计划

根据培训计划落实培训项目，主要做好培训过程中的沟通、协调、监控等工作，及时处理突发事件，做好培训师和学员的衔接工作，做好三个落实：人员落实（培训师、受训者、管理者）、费用落实和时间落实，保证培训项目的顺利完成。

五、培训效果评价

培训效果是组织培训和受训的推销员都关心的问题，因此对培训效果进行评价是十分必要的。培训效果评价可以从三方面进行：培训过程、受训者、培训效果。

1. 培训过程评价

培训过程评价常用的指标：受训者的满意度、受训者出勤率、掌声次数等。

2. 受训者评价

受训者评价可用三种方法来进行：受训者反馈、相互评估和上级考评。

3. 培训效果评价

培训效果是培训过程中学员所获得的知识、技能等应用于工作的程度。常见的评估培训效果的方法有：

（1）前后测试对比法。

未培训前和培训后分别用难度相同的测试题对受训者进行测试，两者的差距即可视为培训效果。

（2）对比评价法。

选择参加培训组和未参加培训组分别进行相同工作测试，两组之间的差距就是培训的效果。

（3）培训后一段时期，通过调查受训者的工作效益来评定培训成效。如培训结束后每隔六个月，以书面调查或实地访问的方式，调查学员受训后在工作上的获益情形。

（4）实地观察受训职工的工作实况，评定培训的成效。如根据实地观察发现，受过培训的推销员在工作上确能表现出高昂的工作热情、良好的工作态度、高度的责任心等，则可认定培训已发生效果。

（5）调查或访问受训职工的上级主管或下属，根据所得意见来评定培训的成效。受训推销员回到原岗位工作一段时间后，以书面调查或实地访问的方式，了解上级主管或下属对其在工作上表现的看法，如主管人员是否认为受过培训的推销人员的工作有进步。无论是来自上级主管还是下属的意见，均为评定培训成效的重要资料。

六、推销人员薪酬设计应遵循的原则

1. 公平性

推销人员的薪酬制度应建立在相对公平的基础上，推销人员薪酬公平性体现在三个方面：本企业推销人员薪酬公平性；本企业与竞争对手企业薪酬公平性；推销人员投入和产出公平性。

2. 激励性

薪酬制度必须能够给推销人员足够的惊喜，上不封顶，下不保底，能够调动他们的积极性，做到奖勤罚懒，激励推销人员取得最佳的销售业绩，得到自己满意的报酬，既增加其物质上的收获，又使其对企业有归属感，使其感到自己的努力得到企业的肯定和认同，进一步促使其更努力地工作。

3. 灵活性

推销人员薪酬制度应该具有变通性，能够结合企业的实际状况进行调整。企业不同地区、不同产品以及不同推销人员的薪酬应有所不同。

4. 稳定性

稳定的薪酬制度能够保证推销人员有相对稳定的收入，保证其正常的工作和生活。此外，薪酬制度一旦建立，在一定时段内应保持相对稳定，不可随意调整，乱了军心。

5. 透明性

企业的薪酬制度应该公开透明，推销人员可以根据薪酬政策计算出自己的应得工资。现实中，企业的薪酬制度是公开的，但大多数企业为防止员工攀比，基本上对推销人员的收入进行保密。

七、推销人员的薪酬类型

根据企业的实际情况，推销人员奖酬制度大体有固定薪金、直接佣金和各个薪酬要素的组合等类型。

（一）固定薪金

所谓固定薪金，是指无论销售额多少，推销人员在一定的工作时间内只获得固定数额的报酬，通常也称计时制薪水。

适用情况：

（1）推销人员从事例行推销工作，如牛奶、饮料等的商品配送。

（2）新招聘的推销人员在培训期或试用期。

（3）公司初次打入市场，业绩难以有所表现。

(4) 技术性强或复杂的销售活动的应聘人员。

(5) 只进行客户服务或宣传性销售活动的推销工作。

优点有:

(1) 为推销人员提供安全感。

(2) 简单明了，容易管理和操作。

(3) 推销人员不注重短期销量，反而能较多地照顾顾客的要求和利益。

(4) 能控制推销人员的活动（特别是非推销活动）和再分配推销人员。

缺点有:

(1) 推销绩效与收入不挂钩，缺乏激励作用。

(2) 通常基于资历而不是业绩发薪，导致高业绩推销人员的流失。

(3) 不管销量如何，都有固定销售费用支出，增加企业的销售成本。

（二）直接佣金

直接佣金是对单位工作量的成果和数量按一定的比率支付佣金，实质是奖金制度的一种。

1. 优点

(1) 推销人员的收入直接和业绩挂钩，有较强的激励作用。

(2) 适者生存，优胜劣汰。

(3) 利于控制销售成本。

2. 缺点

(1) 推销人员收入欠稳定，不利于培养推销人员对企业的忠诚度。

(2) 推销人员重数量轻服务，可能引起大量的售后投诉。

(3) 推销人员容易兼职，很难全心全意工作。

3. 适用情况

(1) 企业严格控制销售费用时。

(2) 产品和服务只需开展较少的非推销工作时。

(3) 雇用兼职销售人员时。

一般情况下，公司的推销重点是获得订单，而推销以外的任务不重要时，可以采用直接佣金。如房地产、保险、批发、汽车业等。

（三）组合薪酬

1. 底薪提成制

薪酬形式一般是基本工资加提成，但如何对工资和提成进行组合，高工资低提成，还是高提成低工资。两种薪酬制度各有利弊，要视自己企业的具体情况进行选择。知名度较高、管理体制趋于成熟、客户群相对稳定的企业，其销售额更大程度上是来自于公司的整体规划和推广投入，采用高工资低提成或年薪制，更有利于企业维护和巩固现有的市场渠道和客户关系，保持企业内部稳定，有利于企业平稳发展。反之，如果一个企业处于起步阶段，需要依赖销售员工不断拜访客户以开拓市场，或是产品性质决定其需要不断开拓新的客户源，保持与客户的密切联系，低工资高提成的薪酬制度更能刺激销售员工的工作积极性。

2. 奖励薪酬制

销售是一项极具挑战性的工作，销售员工在工作中相对要遇到更多的挫折，因此容易感到沮丧，并丧失信心。合理的薪酬奖励是激励他们克服困难、力创佳绩的法宝。多数贸易类企业对营销人员采取“底薪＋提成＋奖金”的薪酬结构，营业额提成在5%以内，常见的有2%或4%，奖金在300～500元，也有高达1 000元的。

虽然销售员工的薪酬制度依其工作性质及公司制度而各不相同，维持一定的水准却是必要的。业务员会通过比较，考虑在目前公司中的收入是否合理；同时也会与公司其他工作人员来比较，决定自己的付出是否值得。因此，当公司判定推销人员工资水准时，应考虑目前就业市场上的绝对工资及相对工资的因素，并根据员工本身的资历、经验能力及工作内容的差异，决定其工资水平。一定要让他们能够解决温饱问题，又有挣大钱的希望。

3. 底薪提成加奖金

即在第一种情况下，增加了奖金发放，更突显激励效果，其具有促进完成某一特定目标等优点，但增加了管理复杂程度。

八、推销人员的激励

激励在管理学中被理解为一种精神力量或状态，对组织成员起加强、激发和推动作用，并引导组织行为指向目标。一般来说，组织中的任何成员都需要激励，推销人员更是如此。推销人员需要更多的激励是由其工作性质决定的，推销人员的工作时间长短不一，遇到顾客拒绝更是家常便饭，所以对推销人员进行适当的激励，就可以让推销人员时刻保持高昂的斗志和良好的精神状态，更好地完成推销工作。

激励推销人员的方式大体可划分为精神激励和物质激励两大类型。一般企业对推销人员的激励方法有以下几种：

1. 物质激励

物质激励是指对做出优异成绩的推销人员给予晋级、奖金、奖品和额外报酬等实际利益的激励，以此通过拥有高收入的方式来调动推销人员的积极性。研究人员在评估各种可行激励的价值的大小时发现，物质激励对推销人员的激励效果最为直观。

2. 精神激励

精神激励是指对推销人员做出的优异成绩而给予各种表扬、颁发证书、授予光荣称号等形式的激励，以此督促其他推销人员向他们看齐。对推销人员的精神激励进行公开认可和表彰，可以满足推销人员的自豪感和使命感。公开表扬、徽章或荣誉证书表明组织对推销人员工作成绩的认同，也强化了推销人员对组织的认同。

3. 标兵激励

榜样是推销员的推销行动的参照物，作为销售经理应该建立起科学、合理的“参照物”，即确定标兵。推销人员都渴望成功，先进典型可以使他们看到成功的范例，从而坚定自己努力工作的信心。企业要善于运用成功的范例来激励、引导推销人员，并将本企业的优秀销售人员树立为标兵模范，让推销人员具有真实的样本。

4. 环境激励

环境激励是指企业为推销人员提供一种良好的工作氛围，改善办公条件、灯光设施、提高居住或工作舒适度，使推销人员心情愉快地开展工作。如提供电脑、打印机设备、空调、提供食宿等便利条件，可增强推销人员对工作的高度满足感，大大减少离职率及缺勤率。

5. 晋升激励

晋升激励即将工作业绩突出、个人表现一贯优秀的推销人员晋升为管理者的一种激励方式。“人往高处走，水往低处流”，每一个推销人员，都希望能够被晋升，即实现自己的奋斗目标，希望在企业中得到更高的职位，拥有更多的管理权限。

6. 竞赛激励

竞赛激励是利用奖金或其他报酬来激励推销人员完成企业所确定的目标的一种激励方法。销售竞赛可以激发推销人员求胜的意志，提高推销人员的士气。如销售小组竞赛、新人第一单竞赛、销售状元竞赛、五四青年节竞赛等。使用竞赛激励最好是在各小组之间竞争，用团队竞争带动单个推销员之间的竞争。

7. 目标激励

目标激励是一个十分有效且可以常用的激励方法，它是指为推销人员确定一些可能达到的销售指标，使推销员激发自己的潜能，经过认真努力可实现一些具体任务值，如销售业绩达到50万元，访问100个人，寻找到50名新客户，征员20个人，回收货款30万元等。企业确定的目标不宜过高或过低，至少应保证有20%左右的推销人员可以得到奖励，目标激励中的报酬多少应和目标难易程度相匹配。

8. 授权激励

加强推销人员的工作职责和工作挑战性，并授予他们相应的权力也是一种有效的激励方法。适度对推销人员授权，意味着企业对他们的信任和支持，进而会对他们产生一定的激励作用。多变的市场环境和销售组织柔性化的发展趋势，使对推销人员适度放权也成为一种现实需要。任何推销人员都不希望凡事都需要请示，遇到客户商榷价格时，推销员如果不能灵活地掌握价格、成交条件，就会贻误时机，从而打消推销员的斗志。适度授权，给推销人员更多的职责和更大的权力，可以使他们获得更强的自尊心和自信心，而且感到自己不仅拥有工作，而且还要对工作的结果负责，这必然增强其责任意识，更利于完成推销业绩。

九、推销人员的绩效考评

1. 推销人员绩效考评的含义

绩效考评，是指按照企业设定的销售量、拜访客户量等考核指标，采用一定的考评方法，评定推销人员的工作任务完成情况、工作职责履行程度及推销人员的发展情况，并将上述评定结果反馈给推销人员的过程，绩效考评是绩效考核和评价的总称。

推销人员绩效考评是对前期推销工作状况进行的全面考察、分析与评估，它对于提高推销人员工作能力，改善推销人员培训方法，提高企业的整个推销活动效果有着直接意义，考评结果影响推销人员的收入、奖金发放、职务升迁，甚至关系到留用或辞退，涉及推销人员的切身利益。

2. 推销人员绩效考评的原则

(1) 公平公正，实事求是。

公平公正就是指考评要以事实为依据，考评政策、方案要对所有的推销人员一视同仁，不可薄厚不均、内外有别，制定考评标准要充分与推销人员沟通协商，考评工作要制度化、透明化、规范化。

(2) 考评与奖惩挂钩，赏罚分明。

考评结果要有相对应的奖惩制度，考核优秀的员工应给予奖赏，如发红包、奖励物品等，成绩低下的推销人员应受到责罚，如扣发部分奖金、取消相应的奖励等，不能流于形式。

(3) 考评结果要及时反馈。

考评的目的不是责罚推销人员而是提高他们的工作技能，引导其朝着正确的方向努力，只有将考核结果向员工反馈，推销人员才知道自己的工作出现了哪些偏差，才能有针对性地改善。

(4) 考评指标有主次。

绩效考评的主要目的是提高企业的整体销售业绩，因此对推销人员的考评指标要设置权重参数，而不应“眉毛鼻子一把抓”，指标设置应贴近岗位的职责。

3. 人员考评的方式

根据考评内容的不同，考评方法也可采用多种形式，企业采用多种方式进行考评，可以有效地减少考评误差，提高考评的准确度。常见的考评方法有：

（1）目标考评 。

对“重要任务”考评采取目标考评方法。在一个考评周期前，考评人与被考评人要共同讨论制定一个双方都能接受的“考评指标”，明确考评内容、数量、质量等详细信息，以此作为考评依据，如本月销售量、本季度销售总数等。

（2）自我评价。

自我评价，又简称自评，即被考评人对自己的考评，考评结果一般不计入考评成绩，仅作为参考。自评是被考评人对自己工作状态的主观认识，它往往与实际的考评结果有很大差异。通过自评结果，考评者可以了解被考评人的真实想法，为事后沟通做准备。另外，在自评结果中，考评人可能还会发现一些自己忽略的事情，从而更有利于保证考评结果的公正。

（3）组员互评。

组员互评是推销人员小组中相互考评的一种方式。互评适合于主观性评价，比如“工作态度”部分的考评。互评的主要优点在于：员工之间能够比较真实地了解相互的工作态度，并且由多人同时评价，往往能更加准确地反映客观情况。互评在人数较多的情况下比较适用，比如人数多于 5 人。另外，在互评时不署名，在公布结果时不公布互评细节，可以减少员工之间的相互猜疑。

（4）上级考评。

在上级考评中，考评人是被考评推销员的管理者，多数情况下是被考评人的直接上级，上级考评适合于考评“重要工作”和“日常工作”部分。

4. 绩效考评的方法

（1）等级评估法。

等级评估法是绩效考评中最常用的一种方法。根据工作分析，将被考评岗位的工作内容划分为彼此独立的几个模块，在每个模块中用明确的语言描述完成该模块工作需要达到的工作标准。将考评标准分为优、良、及格、不及格等等级选项，考评人根据被考评人的实际工作表现，对每个模块的完成情况进行评定，总成绩便为该推销人员的考评成绩。

（2）目标考评法。

目标考评法是根据被考评的推销人员完成工作目标的情况来进行考核的一种绩效考评方式。在开始工作之前，考评人和被考评推销人员应该就需要完成的工作内容、时间期限、考评的标准达成一致。在时间期限结束时，考评人根据被考评人的工作状况及原先制定的考评标准来进行考评。

（3）序列比较法。

序列比较法是对等级相同的推销人员进行考核的一种方法。在考评之前，首先要确定考评的模块，但是不确定要达到的工作标准。将相同等级的所有推销人员在同一考评模块中进行比较，根据他们的工作状况排列顺序，工作较好的排名在前，工作较差的排名在后。最后，将每位推销人员几个模块的排序数字相加，就是该推销人员的考评结果。累计值越小，绩效越好。

（4）相对比较法。

与序列比较法相仿，它也是对等级相同的推销人员进行考核的一种方法。所不同的是，它是对推销人员两两进行比较，任何两位推销人员都要进行一次比较。比较之后，工作较好的推销人员记“1”，工作较差的推销人员记“0”。所有的推销人员相互比较完毕后，将每个人的成绩进行相加，累计值越大，绩效越好。与序列比较法相比，相对比较法每次比较的推销人员不宜过多，范围为五至十名即可。

（5）小组评价法。

小组评价法是指由两名以上熟悉该推销工作的经理组成评价小组进行绩效考评的方法。小组评价法的优点是操作简单，省时省力，缺点是容易使评价标准模糊，主观性强。为了提高小组评价的可靠性，在进行小组评价之前，应该向推销人员公布考评的内容、依据和标准。在评价结束后，要向推销人员讲明评价的结果。小组评价法最好和推销人员个人评价结合进行。当小组评价和个人评价的结果差距较大时，为了防止考评偏差，评价小组成员应该首先了解推销人员的具体工作表现和工作业绩，然后再做出评价决定。

（6）重要事件法。

考评人在平时注意收集被考评人的“重要事件”，这里的“重要事件”是指被考评人的优秀表现和不良表现，对这些表现要形成书面记录。对普通的工作行为则不必进行记录。根据这些书面记录进行整理和分析，最终形成考评结果。该考评方法一般不单独使用。

（7）书面评价法。

由于每位员工都有不同的特点，而标准化的考评方式则忽略了差异性，将员工等齐划一，不利于考评结果的客观性，书面评价法有效地弥补了这个缺陷。书面评价法是指由考评人撰写一段评语来对被考评的推销人员进行评价的一种方法。一般来讲，书面评价应该包括三个方面的内容：肯定员工成绩；指出员工不足；企业对员工的期望。书面评价可以由上级撰写，也可由企业人力资源部门统一撰写。由于该考评方法主观性强，最好不要单独使用。

十、推销职业生涯

现实当中，推销工作是一个实践性非常强的职业，干好干坏全凭业绩说话，业绩也比较容易衡量，理论再好业绩不佳也没用，任何企业都不会雇佣只会纸上谈兵的销售人才。“铁打的营盘，流水的兵”，推销人员工作的显著特点是工作稳定性差、工作压力较大、出差应酬成为生活的常态，特别对于直接面向市场的基层业务人员而言，虽然工作时间相对比较自由，但为了完成销售指标不得不东奔西跑，很难顾得上亲情和友情，甚至能和家人吃顿饭都是一种奢望。当然，销售人员也是无冕之王，他可以把商品卖给任何一个他想卖的人，没有人能阻挡他的推销动力。作为付出的一种回报，优秀推销人员的收入也是难以想象的富足的，很多企业为了激励销售精英，给他们足够的薪水，完成任务越多，业绩越大，他们的收入上不封顶。在很多企业，除了最高决策层总经理外，最容易产生高薪的职位便是销售总监。和同级别的财务总监、人力资源总监相比，销售总监、销售经理的收入普遍会高出很多，因为没有销售就没有一切。

没有目标就没有方向，没有方向就不会成功。随着年龄的增长，当年轻的冲劲和激情渐渐褪去，对家庭的责任和对稳定生活的追求，令众多年轻的基层销售人员开始规划自己的职业方向，这就需要做好职业生涯规划。

推销职业生涯就是一个人从事推销职业的工作历程。我们把推销职业生涯周期分为四个阶段：推销职业生涯早期、推销职业生涯中前期、推销职业生涯中后期和推销职业生涯后期。每个不同的时期，都会有不同的特点，我们在每个时期的任务也不一样。

1. 推销职业生涯早期

大学生毕业后从事基层推销工作，即从22到30岁这个阶段，属于推销职业生涯早期，又可以称为推销职业生涯第一青春期，这个阶段的主要任务是学习、了解岗位知识、产品知识，不断地锻炼自己，提高自己的推销技能，摸索尝试着在一个新入行的企业中打拼自己。这个阶段还处于未成熟期，应该更多地向老一辈请教，向师傅学习，拓展自己的人脉，使自己成熟起来，实现从大学生向职场人士的完美转变。作为一名职场新人，要沉得住气，要敢于坚持职业操守，不要遇到挫折就跳槽。

2. 推销职业生涯中前期

经过近十年的打拼、磨炼后，推销人员在30到40岁这个阶段就迈进了职业生涯中前期，即职业生涯成长期，这个阶段的主要任务是争取进行职务轮换，抓住各种锻炼才干的机会，寻找最佳贡献区，也就是争取找到我们的职业锚。经过前期的一些积累，推销员基本上已经成为业内精英，在工作上可以独当一面，在单位中已经成为业务骨干，或者已经开始挖掘人生的第一桶黄金，开始进行自我创业。这个时候推销人员的思维日趋成熟，在业界有一定口碑，一些猎头公司已经注意到这些锋芒毕现的推销人员，可以根据自己发展需要进行适当的岗位调整或进入更适合自身发展的公司，实现人生最大的价值。处于这个阶段的推销人员基本上已经创建家庭，要兼顾好工作和家庭的关系，不要让家庭拖工作的后腿，更不能失去任何一方，争取做到全面兼顾。

3. 推销职业生涯中后期

再经历过 10 ~ 20 年的职场磨炼，推销人员 40 到 60 岁跨入职业生涯的中后期，即职业生涯成熟期，又可以称为职业生涯的第二青春期。与职业生涯中前期不同的是此期间的主要任务是创新发展，贡献辉煌。这个时期一般往往做到了公司的营销总监、销售副总或者已经成为公司的董事长，自己在业界具有举足轻重的地位，公司发展越来越大，不仅为社会创造着财富也为社会承担着责任。作为自有公司的老总，有的已经成为市、区的人大代表、政协委员，成为地区纳税大户，为更多的大学生提供工作岗位。

4. 推销职业生涯后期

又经历过 10 ~ 20 年的市场打拼，推销人员 60 到 70 岁就到了推销职业生涯的后期，又称为职业生涯回味期，这一阶段的主要任务是反思、总结、回顾职场历程，传授经验、教训。这一阶段的推销人员大部分已经从管理岗位上下来，或颐养天年享受天伦之乐，或者作为公司的销售顾问发挥着余热，或者作为公司的智囊团为公司解决一些疑难问题。他们将大部分精力放在修身养性上，对自己一生的推销生涯回味和反思，做好下一代新生力量的培育工作。

十一、推销内外职业生涯

1. 内职业生涯

内职业生涯是指从事推销职业时的知识、观念、经验、能力、心理素质、内心感受等因素的组合及其变化过程。内职业生涯各项因素的获得，需要推销人员不断地通过学习、研究等方式加以完善。内职业生涯各因素是推销人员生涯发展的原动力。简单来说，内职业生涯，是推销人员对自我的认识、了解、目标设计、愿望如何达成的全部心理过程。即我是谁，我有哪些优点和缺点，我能做什么，我将要成为什么角色，我要怎么做，我需要什么资源。内职业生涯是推销人员人生初探时全部问题的自我解答过程，如果能够深入分析自我，认识自我，并在此过程中让自我不断明确、肯定、满足，那么，内职业生涯的确立已经开始。

2. 外职业生涯

外职业生涯是指从事推销职业时的工作单位、工作时间、工作地点、工作内容、工作职务与职称、工作环境、工资待遇等因素的组合及其变化过程。外职业生涯着重强调外部环境和外部条件，其构成因素通常会随着外在条件的变化而变化，外职业生涯的稳定以内职业生涯的发展为前提。良好的外职业条件还可提升个人对内职业生涯的认知，相互促进，相互协调。外职业生涯因素通常由他人给予和认可，因受到外界干扰或控制也容易被他人所剥夺。

3. 内、外职业生涯的关系

内职业生涯是外职业生涯发展的前提，内职业生涯的发展是以外职业生涯的发展或成果来展示的。内职业生涯的匮乏以外职业生涯的停滞或失败呈现。

内职业生涯因素主要是靠推销人员自己不断探索而获得的，不随外职业生涯的获得而自动具备，也不会由于外职业生涯的失去而自动丧失。例如，今天你被公司任命为推销主管，这只是你获得外职业生涯的一个职务，至于你能否干好工作，该职务应该具备的知识观念、经验能力、心理素质等并不是你在被任命的时候就自动具备了，这需要你在工作实践中探索、思考，才能逐渐获得。而一旦你获得这些以后，即使公司把你开除了，你的知识观念、经验能力和心理素质并不随开除而消失，即你的还是你的，只要具备这些能力，你完全可以去另一家公司获取主管或更高的职位，由此可见内职业生涯是基础的基础。只有内、外职业生涯同时发展，职业生涯之旅才能一帆风顺。推销人员必须用内职业生涯的发展带动外职业生涯的发展。另一方面，外职业生涯发展顺利，还可以促进内职业生涯的发展。如果推销人员的眼光只盯着外职业生涯的各种因素，如薪水有多少、工作环境有多好、福利待遇有多高等，往往会使职业生涯的发展方向发生偏差，并进而导致误入歧途。

十二、职业生涯规划书

一份完整的职业生涯规划包括标题、引言、自我分析、环境分析、职业定位、方案实施、评估修正、结束语等几个部分，具体内容和要求如下：

1. 标题

标题包括推销人员的姓名、规划年限、规划起止时间。规划年限可自主设定，如一年、三年、五年，甚至是十年，视推销人员的具体情况而定，只要适用即可。

2. 引言

引言是推销人员对其职业生涯规划的总体认识，是对规划设计书整体内容的总的概述。

3. 自我分析

结合推销人员实际情况，借助职业测评的结果，叙述分析自身的职业兴趣（喜欢做什么）、职业能力（能够做什么）、个性特质（适合做什么）、职业价值观（最看重什么）、胜任能力（优缺点是什么）。

4. 环境分析

分析自己所处的环境，包括家庭环境、企业环境、社会环境、职业环境等，即明确环境容许你做什么。

5. 职业定位

根据自我分析和职业分析，对自己的推销职业目标进行定位，并从优势、劣势、机会、威胁四方面进行分析整理，以进行决策。职业目标可确定阶段目标和总体目标，阶段目标是规划短期内所能达到的目标，总体目标是可预计的最长远目标，即最终所希望达到的目标。制订总体目标要具有可操作性，如果定得太高就缺乏了指导意义，如果定得太低又阻碍了前进方向。

6. 方案实施

通过能做什么到环境容许你做什么到自己最终想做什么的层层转换，制订计划实施一览表，填补自身的不足和缺陷，得以实现各阶段的目标。

7. 评估修正

计划实施不是一帆风顺的，也不是一劳永逸的，需要结合自身能力适应环境的发展所带来的变化，当预期目标未能实现时，要及时地对职业生涯规划方案进行评估与修正。

8. 结束语

这部分是职业生涯规划的收尾阶段，即对职业生涯规划方案的总结，对自身职业发展的展望等。

※实训任务综合※

实训任务 9.1　人员招聘与选拔训练

1. 了解你所在的实训企业的用人要求，列出一份该公司的招聘简章（业务员、营销代表或类似岗位）：

____

____

____

____

____

____

____

____

____

2. 询问该企业的人力资源经理或通过网络查找了解该企业选人、用人的标准和原则：______________________________

____

____

3. 对照该公司的招聘简章，对比自己的条件是否符合该职位要求？你还需要做哪方面的努力？______________________________

____

4. 询问该公司的人力资源经理或主管，描述该公司的招聘流程，了解该公司受聘人员的试用期长短、试用期的待遇等相关情况，并认真做好记录：______

※任务验收※

项目	分值/分	自我考核（40%）	小组考核（60%）	实际得分/分
任务理解能力	20			
任务分析能力	20			
任务解决能力	30			
团队配合能力	30			
合计	100			
小组排名				

实训任务 9.2 人员培训管理训练

1. 你所在的公司或专柜，每天（每周）是否有培训？ A. 有 B. 没有

2. 培训的具体内容：______

3. 列出你实训期间的一次培训记录：______

（1）主讲人： （2）时间： （3）地点：

（4）参与人： （5）培训的目的：

（6）培训的方式：

（7）培训的具体内容：

（8）培训后是否需要考核： （9）你的收获：

3. 了解该培训和岗前培训有什么关系：______

4. 询问人力资源经理或主管了解该公司的培训的具体流程：______

5. 询问该公司如何进行培训效果评估：______

※任务验收※

项目	分值/分	自我考核（40%）	小组考核（60%）	实际得分/分
任务理解能力	20			
任务分析能力	20			
任务解决能力	30			
团队配合能力	30			
合计	100			
小组排名				

实训任务 9.3　人员薪酬管理训练

1. 询问相关的师傅，了解他们大致的收入组成情况，列出 2 ~ 4 位师傅的大致薪水情况，记录如下：

姓名　　年龄　　在该企业任职几年　　目前大体的年收入

（1）______________________________

（2）______________________________

（3）______________________________

（4）______________________________

2. 在不违背该公司商业秘密的前提下，询问人力资源经理或主管了解该公司营业员（销售代表类似职位）的薪酬情况，如基本薪酬、绩效薪酬、业务提成、工龄津贴等，并认真记录。

____

____

____

3. 了解该公司员工的福利政策：________________

____

4. 了解该公司员工的奖励制度及频率：________________

____

5. 侧面了解本岗位正式员工对自己收入的满意程度：________________

____

6. 列出该公司对员工激励的方式（三种以上即可）：________________

____

____

※任务验收※

项目	分值/分	自我考核（40%）	小组考核（60%）	实际得分/分
任务理解能力	20			
任务分析能力	20			
任务解决能力	30			
团队配合能力	30			
合计	100			
小组排名				

实训任务 9.4　人员绩效考核训练

1. 了解该公司的绩效考核内容及考核的权重分配（在不违背该企业商业机密的情况下）：

____

____

2. 询问自己的师傅，是否了解他们绩效考评的内容？ ____A. 是　B. 否____

3. 询问他们是否能及时得到考评结果的反馈？ ____A. 是　B. 否____

4. 他们对考评结果的感受是什么，任选二人，填写他们的原话：________

____

____

5. 根据这几天的实习，你对该公司的绩效考核有什么想法：________

____

6. 该公司绩效考评使用哪些方法：________________

____

7. 除了该公司使用的方法外，你还知道哪些绩效考评方法：________

____

※任务验收※

项目	分值/分	自我考核（40%）	小组考核（60%）	实际得分/分
任务理解能力	20			
任务分析能力	20			
任务解决能力	30			
团队配合能力	30			
合计	100			
小组排名				

实训任务9.5　制定自己的职业生涯规划

<table>
<tr><td>姓名</td><td></td><td>性别</td><td></td><td>年龄</td><td></td></tr>
<tr><td>健康状况</td><td></td><td>政治面貌</td><td></td><td>所学专业</td><td></td></tr>
<tr><td>职业意向</td><td colspan="5"></td></tr>
<tr><td>个人因素分析</td><td colspan="5"></td></tr>
<tr><td>环境因素分析</td><td colspan="5"></td></tr>
<tr><td rowspan="4">职业生涯目标</td><td>人生目标</td><td colspan="4"></td></tr>
<tr><td>长期目标</td><td colspan="4"></td></tr>
<tr><td>中期目标</td><td colspan="4"></td></tr>
<tr><td>短期目标</td><td colspan="4"></td></tr>
<tr><td>在校学习规划与措施</td><td colspan="5"></td></tr>
<tr><td>中期规划与措施</td><td colspan="5"></td></tr>
<tr><td>长期规划与措施</td><td colspan="5"></td></tr>
<tr><td>备注</td><td colspan="5"></td></tr>
</table>

※任务验收※

项目	分值/分	自我考核（40%）	小组考核（60%）	实际得分/分
任务理解能力	20			
任务分析能力	20			
任务解决能力	30			
团队配合能力	30			
合计	100			
小组排名				

※娱乐与学习※

《明星雇员》教你领悟推销人员职业生涯规划，明确目标成就未来

类型：喜剧/爱情

地区：美国

导演：格雷戈·库利奇

演员：戴恩·库克　杰西卡·辛普森　达克斯·史帕德

上映日期：2006 年 10 月 6 日

【剧情梗概】

对于全国规模最大、折扣最多的超市的顾客来说，他们最大的愿望就是拥有超市的会员资格。因为成为会员就拥有了特权。但对于那些在这样的超市工作的人员来说，最让他们垂涎的只有一样东西，那就是成为超市每月的“明星雇员”。因为成为明星雇员的人可以获得特权，把自己的大号照片挂在顾客休息室的“荣誉墙”上。扎克·布莱德利和文斯·唐尼也是这个庞大的明星雇员竞争队伍中的两员，在长达十年的雇员生涯后，他们走向了完全不同的职业发展方向。文斯和他值得信赖的搭档乔治升格为了超市的“首席收银员”，并且已经连续 17 次获得超市的“明星雇员”称号。而扎克是一个彻头彻尾的懒鬼，他不修边幅的外表和不思进取的态度，反而让他在其他的同事中很受欢迎。但也正因为这样，扎克这么多年还是超市里最底层的负责搬运箱子的员工。本来井水不犯河水的两个人，却因为一个刚调进超市的、号称只和“明星雇员”约会的美丽女收银员艾米而开始了一场针对“明星雇员”称号旷日持久的争斗。很快他们联合各自的队伍，在超市里用各种激烈又滑稽的方法进行争夺……

资料来源：http：//www. verycd. com/entries/307085/有修改

【教师推荐】

由于没有长远的职业生涯规划，工作多年的扎克还是一个最底层的搬运工，而同期进公司的文斯已经快晋升到了领导岗位，相同的年龄不一样的发展空间是很多进入职场学生的困惑，因此越早做好职业规划对自己的人生发展越有利。尽管是从一个打赌开始的，但从从来没有激励的工作状态变成了奔跑的节奏，扎克也快速成长了。选用本片的目的是给那些还在夜夜沉迷于电脑游戏的同学提个醒，抓紧制定好自己的人生职业发展规划，实现精彩的人生。

______________________学院

推销技术实训手册

201 __/201 __学年　第__学期

班级______________________
姓名______________________
学号______________________
指导教师__________________

实习起止时间：201 __年____月____日—201 __年____月____日

1. 小组团队成员：

组长：________________ 学号：________________

组员：________________ 学号：________________

组员：________________ 学号：________________

组员：________________ 学号：________________

组员：________________ 学号：________________

组员：________________ 学号：________________

组员：________________ 学号：________________

组员：________________ 学号：________________

组员：________________ 学号：________________

2. 团队奋斗口号：________________________________

3.1 实训个人预期目标：________________________________

____

____

3.2 实训个人完成目标：________________________________

____

____

3.3 个人预期目标和完成目标差距及整改设想：________________

____

____

4.1 实训团队预期目标：________________________________

____

____

4.2 实训团队完成目标：________________________________

____

____

4.3 团队预期目标和完成目标差距及整改方案：________________

____

____

1. 实训（设计）日志（1）

第一天上午	实训时间	____点____分—____点____分	实训场地
实训项目			
实训操作内容及心得：			
下午____点____分—____点____分		实训日期：____月____日	
实训项目			
实训操作内容及心得：			

实训（设计）日志（2）

第二天上午	实训时间	____点____分一____点____分	实训场地
实训项目			
实训操作内容及心得：			

下午____点____分一____点____分	实训日期：____月____日
实训项目	
实训操作内容及心得：	

实训（设计）日志（3）

第三天上午	实训时间	____点____分一____点____分	实训场地
实训项目			
实训操作内容及心得：			
下午____点____分一____点____分		实训日期：____月____日	
实训项目			
实训操作内容及心得：			

实训（设计）日志（4）

第四天上午	实训时间	____点____分—____点____分	实训场地
实训项目			
实训操作内容及心得：			

下午____点____分—____点____分	实训日期：____月____日
实训项目	
实训操作内容及心得：	

实训（设计）日志（5）

第五天上午	实训时间	____点____分—____点____分	实训场地
实训项目			
实训操作内容及心得：			
下午____点____分—____点____分		实训日期：____月____日	
实训项目			
实训操作内容及心得：			

2. 实训效果评定表

分

<table>
<tr><td rowspan="9">企业指导教师评价</td><td>评价项目</td><td>成绩</td><td>实际成绩</td></tr>
<tr><td>学习态度评价（积极、虚心，眼里有问题）</td><td>20</td><td></td></tr>
<tr><td>工作态度评价（认真、负责，眼中有活）</td><td>20</td><td></td></tr>
<tr><td>工作纪律评价（不迟到、不早退，有事能及时请假）</td><td>10</td><td></td></tr>
<tr><td>岗位适应能力评价（上岗速度较快，符合该岗位要求）</td><td>10</td><td></td></tr>
<tr><td>自律能力评价（工作中不开小差，坚持站立式服务）</td><td>10</td><td></td></tr>
<tr><td>接待顾客能力评价（积极主动寻找顾客，能够独当一面，接待顾客面带笑容）</td><td>10</td><td></td></tr>
<tr><td>销售能力评价（独立完成销售任务情况）</td><td>20</td><td></td></tr>
<tr><td>总成绩</td><td>100</td><td></td></tr>
<tr><td>学生自我评价</td><td colspan="3">学生签名：</td></tr>
<tr><td>实习单位评语</td><td colspan="3">实习单位（盖章）
实习单位指导教师签名：
日期：</td></tr>
</table>

3. 实训总结报告

（对整周实训进行总结和反思，描述你的努力和付出，分享你的成功和收获，重点总结通过实训你学到了哪些知识，弥补了哪些自身的不足。要求：语言简洁，字迹端正，800 字左右。）

参考文献

[1] Heinz M Goldmann. How to win customers [M]. London: Staples p, 1958.

[2] [美] H. M. 戈德曼. 推销技巧：怎样赢得顾客 [M]. 谢毅斌，译. 北京：农业机械出版社，1984.

[3] [美] 小·H·N·鲁赛尔. 销售工程 [M]. 张万贤，洪晋宝，译. 北京：机械工业出版社，1985.

[4] [日] 原一平. 撼动人心的推销法 [M]. 宋霞珍，译. 福州：福建科学技术出版社，1985.

[5] [日] 佐藤久三郎. 推销商品的秘诀——销售心理窥测 [M]. 褚伯良，孙再吉，译. 南昌：江西人民出版社，1986.

[6] 黄恒学. 现代高级推销技术 [M]. 武汉：湖北科学技术出版社，1987.

[7] 胡岳岷. 推销术 [M]. 延吉：延边大学出版社，1989.

[8] 郝铭鉴，孙为. 中国应用礼仪大全 [M]. 上海：上海文化出版社，1991.

[9] 憨氏. 商场诈术 [M]. 北京：新华出版社，1993.

[10] 李桂荣. 现代推销学 [M]，3 版. 北京：中国人民大学出版社，2003.

[11] 金正昆. 经理人礼仪 [M]. 北京：中国人民大学出版社，2006.

[12] 刘顺利. 枕边励志书 [M]. 乌鲁木齐：远方出版社，2007.

[13] 孙路弘. 看电影学销售 [M]. 北京：中国人民大学出版社，2007.

[14] 张晓青，高红梅. 推销实务 [M]. 大连：大连理工大学出版社，2007.

[15] 万锦虹，李英. 商务与社交礼仪 [M]. 北京：北京师范大学出版社，2008.

[16] 龙平. 企业新进销售员工的十大军规 [M]. 北京：机械工业出版社，2009.

[17] 田春来. 现代推销技术 [M]. 北京：北京理工大学出版社，2012.